门店运营实务

主 编 李卫华

副主编 吴晓晖 姜佳金

参 编 施 梅 韩宇浩 曹 阳 杨露怡

机械工业出版社
CHINA MACHINE PRESS

本书以连锁系统中的门店为基本出发点，以连锁零售的小型门店为依托，以店长成长过程中能力递进的逻辑为主线，以门店绩效提升为落脚点，吸纳近年连锁行业经营管理领域的新知识、新技术以及任务驱动、项目化教学等职业教育教学改革的新成果，结合企业门店运营管理的实况，融合行业协会的职业标准，开发了门店运营认知、门店环境管理、顾客服务管理、门店商品管理、门店人员管理、销售策略制定、门店绩效评估七个营运项目，涵盖了门店运营管理人员必备的基本知识与技能。每个项目由项目情境引入，以项目评价和项目练习收尾，做到学、做、练、评一体；各任务中设置了诸多小栏目，如想一想、练一练、知识拓展、企业案例、行业动态、拓展阅读等，融入职业素养内容，介绍行业新知识、新模式、新发展，提升教材的趣味性、可读性、创新性。

本书是国家职业教育连锁经营管理专业教学资源库配套教材，适合作为职业院校连锁经营与管理专业的教材，也可作为连锁企业内部门店运营管理工作人员的参考用书。

图书在版编目（CIP）数据

门店运营实务 / 李卫华主编 . -- 北京：机械工业
出版社，2025. 2. -- ISBN 978-7-111-77290-3

Ⅰ．F717

中国国家版本馆 CIP 数据核字第 2025JD1801 号

机械工业出版社（北京市百万庄大街 22 号　邮政编码 100037）

策划编辑：邢小兵　　　　　　责任编辑：邢小兵　张美杰
责任校对：韩佳欣　张　薇　　封面设计：王　旭
责任印制：郜　敏
中煤（北京）印务有限公司印刷
2025 年 2 月第 1 版第 1 次印刷
184mm×260mm · 12.25 印张 · 270 千字
标准书号：ISBN 978-7-111-77290-3
定价：42.00 元

电话服务　　　　　　　　　网络服务
客服电话：010-88361066　　机 工 官 网：www.cmpbook.com
　　　　　010-88379833　　机 工 官 博：weibo.com/cmp1952
　　　　　010-68326294　　金 书 网：www.golden-book.com
封底无防伪标均为盗版　　机工教育服务网：www.cmpedu.com

前 言
Foreword

一、缘起

改革开放以来的四十多年，我国零售业随着国民经济整体水平提升而得到显著发展，呈现出连锁化程度提高、现代零售业态比例上升、市场集中度稳步提升、商业模式的创新层出不穷、国际化趋势不断加强等特点。零售业的每一次变革和进步，都带来了人们生活质量的提高，甚至改变了人们的生活方式。党的二十大报告提出，坚持把发展经济的着力点放在实体经济上，推动生活性服务业向高品质和多样化升级，线上线下一体化必将成为一种趋势，新零售会迎来快速发展。

在新的零售体系下，终端门店的作用越来越重要，面对新的挑战，门店运营人员需要不断进行知识优化与迭代，提升自身职业素养，以快速适应市场需求的变化，提升顾客满意度，确保竞争力。在连锁零售人才培养过程中，师生们很希望能有一本实用、适用的门店运营管理教材，从培养学生职业素质、社会能力、方法能力、学习能力出发，"有理论、有案例、有分析、有应用"，充分吸收教学改革的新成果，以有效培养连锁专业学生的专业能力和素质。

二、本书的编写思路与特色

本书作者从教学实践出发，遵循职业素质与能力养成的规律，通过校企合作的基本路径，打造教、学、做一体化的门店运营管理精品教材。本书有以下三个特点：

1. 内容选取岗位化，基于社会调研和职业资格标准及门店运营体系典型岗位任务分析，提炼、归纳、整合所需要的知识、素质与能力，构建课程教学内容体系。

2. 内容编排理实一体化。教学练结合，教材内容融知识学习与技能训练为一体，采用"项目—任务"式框架。

3. 内容呈现多样化。在精炼的理论内容中穿插想一想、行业动态、企业案例、议一议、拓展阅读等模块，同时采用逻辑图表化的简洁表现形式。

三、内容体系

本书以连锁企业基层管理人才的培养为教学目标，重视内容的职业性、实践性。本书以连锁系统中的门店为基本出发点，以连锁零售的小型门店为依托，以店长成长过程中能力递进的逻辑为主线，以门店绩效提升为落脚点，吸纳近年连锁行业经营管理领域的新知识、新技术以及任务驱动、项目化教学等职业教育教学改革的新成果，结合企业门店运营管理的实况，融合行业协会的职业标准，开发了门店运营认知、门店环境管理、顾客服务管理、门店商品管理、门店人员管理、销售策略制定、门店绩效评估七个运营项目，涵盖了门店运营管理人员必备的基本知识与技能。

本书由李卫华任主编，吴晓晖、姜佳金任副主编，参加编写的还有施梅、韩宇浩、曹阳和杨露怡，具体编写分工如下：项目一，曹阳（南京市莫愁中等专业学校）；项目二，施梅（南京市莫愁中等专业学校）；项目三，韩宇浩（南京市莫愁中等专业学校）；项目四，杨露怡（南京市玄武中等专业学校）；项目五，吴晓晖（南京市莫愁中等专业学校）；项目六，李卫华（江苏经贸职业技术学院）；项目七，姜佳金（南京市莫愁中等专业学校）。全书由李卫华负责统审。

在编写过程中，中国连锁经营协会常务副会长郭玉金先生给予本书大力支持与悉心指导，在此表示衷心的感谢！同时，我们参阅了大量的著作、书刊和网络文献，在此向被参考和引用文献的原作者表示衷心的感谢！

由于编者水平有限，书中难免有不当和疏漏之处，敬请广大读者批评指正！

编 者

目 录

Contents

项目一
门店运营认知

　　星辉商业集团成立于2010年，是一家立足于华东地区的全渠道多业态商业企业。经过十多年的发展，星辉已经成为区域内知名的商业巨头，业务涵盖零售、餐饮、娱乐和电子商务等多个领域。星辉商业集团以其创新的商业模式和卓越的顾客服务而闻名，致力于提供一站式的购物和生活体验。

　　星辉商业集团旗下拥有多家大型购物中心、连锁超市、精品百货店和在线购物平台。其购物中心遍布区域内的主要城市，集购物、餐饮、娱乐和文化活动于一体，成为当地居民和游客的热门目的地。星辉超市则以其新鲜、健康的商品和便捷的服务深受家庭用户的喜爱。精品百货店则专注于提供高品质的时尚服饰和生活用品，满足高端消费者的需求。而星辉的在线购物平台则通过整合线上线下资源，为顾客提供无缝的购物体验。

　　小莫毕业于连锁经营管理专业，目前以管培生身份入职星辉商业集团，迄今工作不到半年时间。在经过新人的入职知识和技能培训后，小莫被分配到了门店工作。连锁门店为员工提供了多元化的职业晋升机会，确保每位员工都能找到适合自己的成长路径。门店发展路径主要包括入门职位（如销售员、收银员）、资深员工（如资深销售员）、基层管理（如领班、组长）、门店管理（如副店长、店长）、区域管理（如区域经理）、总部管理（如部门经理、总监）。

　　小莫深知，在职业发展的道路上，还需要不断学习门店运营相关的基础理论，以应对未来成为店长后遇到的管理中的各种问题和挑战。小莫打算从连锁企业门店认知、门店组织结构设计、门店运营基本内容认知三个方面建立起对门店运营的基础认知体系，并通过基层岗位的实践经验来积累管理技能和经验，为日后晋升为店长做好准备。

知识结构

门店运营认知	连锁企业门店认知	连锁企业的基本构成
		连锁企业门店的特征
		连锁企业门店的类型
	门店组织结构设计	门店的组织结构
		门店的岗位设置原则
		门店的岗位职责
		门店的传统职能与新零售职能
	门店运营基本内容认知	门店运营管理的基本目标
		门店运营管理的意义
		门店运营管理的基本内容
		店长的工作流程
		门店运营管理的标准

任务一　连锁企业门店认知

◎ 学习目标

知识目标：
- 了解连锁企业的概念；
- 了解连锁企业的基本构成和功能；
- 熟悉连锁企业门店的特征和基本类型。

能力目标：
- 能够介绍连锁企业的基本构成；
- 能够复述和评价连锁企业门店的基本特征；
- 能够区分连锁企业门店的不同类型。

素养目标：
- 具有较强的沟通能力和团队协作能力；
- 具有诚实守信、服务至上的敬业精神。

任务描述

　　小莫初入这家涉及便利店、超市、百货商场和购物中心的连锁企业，便深感其业务的广泛与多元。他开始意识到，要真正融入这个行业，逐渐明晰连锁企业的全貌，首先得系统地了解连锁企业的基本构成、探索连锁企业门店的基本特征以及区分连锁企业门店的不同类型。

📋 知识储备

一、连锁企业的基本构成

连锁企业指经营同类商品、使用统一商号的若干门店，在同一总部管理下，采取统一采购或授予特许权等方式，实现规模效益的经营组织形式。从规模经济的角度来看，连锁企业应由若干个门店组成，实行规范化管理，必须做到统一采购配送商品、统一经营管理规范，且实现采购与销售分离。全部商品均应通过总部统一采购，部分商品可根据物流合理的保质保鲜原则，由供应商直接送货到门店，其余均由总部统一配送。连锁企业由总部、门店和配送中心构成。

1. 连锁企业总部的功能

连锁企业总部是连锁企业经营管理的核心，具有连锁系统管理决策功能，作为整个连锁企业的中枢，统一进行控制，在投资规划、经营节奏和市场布局等方面发挥着投资中心和决策中心的作用。连锁总部必须具备以下职能：商品采购管理、商品配送管理、资金运作管理、门店开发、门店运营督导、商品促销管理等。

2. 连锁企业门店的功能

门店是连锁企业的基础，具有连锁体系内商品销售的功能，是整个连锁企业的销售网点，统一执行连锁总部的销售政策和服务策略，具有销售功能，属于市场网点群和成本中心，也被称为连锁门店。其主要职责是按照连锁企业总部的指示和服务规范的统一要求，承担日常经营业务活动。

3. 连锁企业配送中心的功能

配送中心是连锁企业的物流机构，具有连锁体系内商品采购、配置、分销等经营功能，承担着各店门所需商品的进货、库存、分货、加工、集配、运输和送货等任务，是整个连锁企业的商品经营中心，统一进行商品属性管理、供应商管理、商品采配以及执行总部商品战略规划，属于经营中心和利润中心。配送中心主要为本连锁企业服务，也可面向社会。

💡 想一想

新的技术在优化连锁企业总部、门店和配送中心之间的沟通和协调中扮演什么角色？你能举例说明技术是如何帮助解决物流的问题吗？

知识拓展　新零售模式下的门店收银系统有哪些变化？

自助收银机：新零售模式下，自助收银机的引入减少了对人工收银的依赖，提高了结账效率，同时降低了人力成本。

多样化支付方式：新零售收银系统支持多种支付方式，包括移动支付（如支付宝、微信支付）、NFC支付、Apple Pay等，满足了消费者的多样化支付需求。

智能化体验：新零售收银系统通常集成了先进的技术，如人脸识别、语音识别等，为顾客提供更加便捷和个性化的购物体验。

数据整合与分析：新零售收银系统能够收集和整合大量的交易数据，帮助商家进行精准营销、库存管理、顾客行为分析等，从而优化运营决策。

无缝连接线上线下：新零售模式下的收银系统可以实现线上线下数据的无缝对接，支持线上预订、线下取货等新型购物模式。

即时库存管理：通过与供应链管理系统的集成，新零售收银系统能够实时更新库存信息，提高库存管理的准确性和效率。

个性化服务：新零售收银系统可以根据顾客的购买历史和偏好提供个性化推荐，增加顾客满意度和忠诚度。

总的来说，新零售模式下的收银方式通过引入智能化技术和多样化的支付选项，不仅提高了结账效率和顾客体验，还为商家提供了更深入的数据洞察和更精准的运营决策支持。这些变革使得新零售收银方式成为连接顾客、商品和数据的重要枢纽，推动了零售业的数字化转型。

二、连锁企业门店的特征

连锁企业门店以零售业居多，由于企业经营业态的不同，在经营方式上也表现出明显的多样性与差异化特征。

1. 数量众多，规模经营

连锁企业门店是连锁经营企业的门市，是连锁企业有计划设立在不同地区或地点的分散的经营网点。连锁经营企业将这些门店以一定的形式组成一个联合体，少则十几家，多则几千家，通过统一化、专业化、规范化及标准化运营管理实现规模化经营。

2. 店名、店貌、服务标准化

连锁企业门店在店名、店貌方面实行统一规划，在服务上推行标准化。连锁经营企业下属的所有门店都使用统一的店名、店貌和标识，并为顾客提供标准化的商品和服务。

3. 统一分销

连锁企业门店在其总部的统一管理下分销商品，将采购、配送等业务集中于总部，从而使连锁企业门店实现简单化经营。

4. 经营方式多样

不同的连锁企业门店的经营方式有明显不同。例如，百货商店、专业店采用柜台销售和开架面售相结合的方式，超市、便利店采用顾客自助服务、统一结算的方式，购物中心则采用各经销店独立开展经营活动的方式等。

5. 经营规模各异

连锁企业门店的经营规模不尽相同，小到不足百平方米，大到几万平方米。有的便利店的经营规模仅仅几十平方米，而大型百货商场、大型超级市场的经营规模都在 1 万 m^2 以上。

三、连锁企业门店的类型

（一）按照经营形式划分

按照经营形式，连锁经营可以分为正规连锁、特许连锁和自由连锁三种。这主要是从所有权和经营权的集中程度来划分的，是连锁经营最基本的分类方式。在不同的模式下，连锁企业门店和总部的相互关系有根本不同。

1. 正规连锁

正规连锁（Regular Chain），也称为直营连锁、联号商店、公司连锁等，是指由总公司管辖下的许多分店组成的零售或餐饮企业集团。这种连锁形式通常具有行业垄断性质，利用资本雄厚的特点进行大量进货和销售，从而具备很强的竞争力。

2. 特许连锁

特许连锁（Franchise Chain），又称加盟连锁或契约连锁，是指特许经营权拥有者以合同约定的形式，允许被特许经营者有偿使用其名称、商标、专有技术、产品及运作管理经验等从事经营活动的商业经营模式。

> **行业动态** 特许经营模式，行稳方能致远
>
> 特许经营模式作为一种成熟的商业运作方式，其核心优势在于能够通过标准化的运营体系和品牌效应，实现快速扩张和市场占领。然而，这种模式要想实现长远发展，关键在于"行稳"，即在扩张的过程中始终保持对品质的严格把控和对合作伙伴的细致管理。
>
> 国务院办公厅转发国家发展改革委、财政部《关于规范实施政府和社会资本合作新机制的指导意见》（国办函〔2023〕115号）的通知中指出，要切实加强对特许经营的运营监管。具体措施包括：定期开展项目运营评价、惩戒违法违规和失信行为、规范开展特许经营协议变更和项目移交等工作、建立常态化信息披露机制等。

3. 自由连锁

自由连锁（Voluntary Chain），也称自愿连锁、任意连锁等。是指各成员企业拥有自己的经营自主权和独立权，不仅独立核算、自负盈亏、人事自主，而且在经营品种、经营方式和经营策略上也有很大的自主权，但要按销售额或毛利的一定比例向总部上交加盟金及指导费的商业经营模式。自由连锁的组织形式主要是商品采购的联购分销和业务经营的互利合作。

（二）根据企业经营战略和目标市场定位划分

国家标准《零售业态分类》（GB/T 18106—2021）根据有无固定营业场所，将零售业态分为有店铺零售和无店铺零售两大类。有店铺零售按店铺的特点，根据其经营方式、商品结构、服务功能，以及选址、商圈、规模、店堂设施、目标顾客等单一要素或多要素进行细分，可分为便利店、超市、折扣店、仓储会员店、百货店、购物中心、专业店、品牌专卖店、集合店、无人值守商店等10种零售业态；无店铺零售分为网络零售、电视/广播零售、邮寄零售、无人售货设备零售、直销、电话零售、流动货摊零售等7种零售业态。下面具体介绍有店铺形态的主要形式。

1. 便利店

以销售即食商品为主，满足顾客即时性、服务性等便利需求为主要目的的小型综合零售形式的业态。包括社区型便利店、客流配套型便利店、商务型便利店、加油站型便利店。

常见的便利店如中石化易捷、中石化昆仑好客等。

2. 超市

以销售食品、日用品为主，满足消费者日常生活需要的零售业态。通常采取开架销售，也可同时采取在线销售。门店内可提供食品现场加工服务及现场就餐服务。超市按照营业面积可分为大型超市、中型超市和小型超市；按照生鲜食品营业面积占比可分为生鲜食品超市、综合超市。常见的超市如永辉、盒马鲜生等。

3. 折扣店

店铺装修简单、提供有限服务、商品价格低廉的一种小型超市业态，通常拥有不到2 000个单品，自有品牌商品数量高于普通超市的自有品牌商品数量。常见的折扣店如奥特莱斯店、好特卖等。

4. 仓储会员店

以会员为目标顾客，实行储销一体、批零兼营，以提供基本服务、优惠价格和大包装商品为主要特征的零售业态。常见的仓储会员店如山姆会员店、Costco等。

5. 百货店

以经营品牌服装服饰、化妆品、家居用品、箱包、鞋品、珠宝、钟表等为主，统一经营，满足顾客对品质商品多样化需求的零售业态。常见的百货店如王府井百货、新世界百货等。

6. 购物中心

由不同类型的零售、餐饮、休闲娱乐及提供其他服务的商铺按照统一规划，在一个相对固定的建筑空间或区域内，统一运营的商业集合体。主要包括都市型购物中心、区域型购物中心、社区型购物中心、奥特莱斯型购物中心等。常见的购物中心如万达广场、金鹰购物中心等。

7. 专业店

经营某一类或相关品类商品及服务的零售业态。如办公用品专业店、家电专业店、药品专业店、服饰店、体育用品专业店和家居建材商店等。

8. 品牌专卖店

经营或被授权经营某一品牌商品的零售业态，满足消费者对品牌的需求。专卖店强调周到、灵活的服务，比一般零售店对服务的要求更高。常见的品牌专卖店如李宁专卖店、雅戈尔专卖店等。

9. 集合店

汇集多个品牌及多个系列的商品，可涵盖服饰、鞋、包、文具、电子商品、食品等多种品类的零售店。常见的集合店如滔搏运动集合店、迪卡侬运动集合店等。

10. 无人值守商店

在营业现场无人工服务的情况下，自助完成商品销售或服务的零售店，如无人值守便利店等。

💡 **想一想**

随着技术的进步和消费者行为的变化，新零售环境下的连锁企业门店业态呈现出多样化的趋势。

请思考并讨论：在未来 5 ～ 10 年，你认为哪些新兴的连锁企业门店业态将会成为主流？这些业态将如何更好地满足消费者的需求、提升运营效率？它们可能对传统零售业态产生哪些冲击和影响？

✅ **任务实施**

1. 实施内容

连锁企业门店特征与类型的调研，以及对连锁领域新兴业态类型的洞察与解析。

2. 实施要求

（1）走访调研。学生需要实地走访不同类型的连锁企业门店，包括但不限于零售、餐饮、服务业等。调研过程中，学生应收集门店的基本信息、运营模式、顾客反馈等数据。走访结束后，学生应整理走访笔记，形成初步的调研报告。

（2）查阅资料并分析汇报。学生应结合走访调研的结果，进行深入分析，广泛查阅相关书籍、期刊及在线资源，撰写详细的分析报告并进行汇报。

3. 实施步骤

（1）登录中国连锁经营协会官网等相关网站，查阅业态分类的相关资料，小组成员合作整理报告中的关键信息。

（2）在此基础上选择一个特色业态进行深入研究，并制作完成 PPT 发布在学习平台。

（3）开展评价活动，进行小组互评与教师点评，班级同学开展深入交流与分享。

（4）各组汇报完毕后，师生共同讨论未来新兴业态发展的主流方向，并提炼出关键要点。

任务二 门店组织结构设计

🎯 **学习目标**

知识目标：

○ 了解门店的组织结构；
○ 熟悉门店传统职能与新零售职能；
○ 熟悉门店的岗位设置原则；
○ 掌握门店的岗位职责和任职要求。

能力目标：

○ 能够开展基本的门店岗位设置工作；

○ 能够对门店开展数据化和智能化管理。

素养目标：

○ 具备创新思维和商业风险意识；

○ 具有较高的自我约束和管理能力。

任务描述

新零售发展背景下，线下实体门店所面临的竞争也更加激烈，很多门店纷纷走上"新零售"之路。小莫对此很感兴趣，想要探知连锁企业门店的传统职能、连锁企业门店的新零售职能之间的异同，以便更好地适应行业和新技术的变化。此外，在门店工作期间，他对于同事们的岗位设置和岗位职责等相关问题，也产生了一些疑问，想要进一步系统地了解连锁企业门店的组织结构是如何设计的、设计的依据是什么。

知识储备

一、门店的组织结构

连锁企业的组织结构和业态之间存在着密切的关系。组织结构是连锁企业运营的基础，而不同的业态形式则需要相应的组织结构来支持。以盒马鲜生门店的组织结构为例，见图1-1。

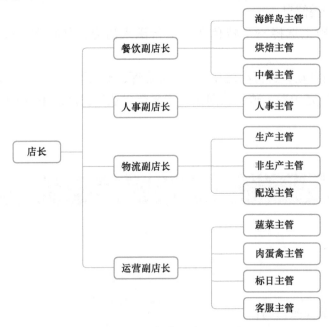

图1-1 盒马鲜生门店组织结构

连锁企业的组织结构需要根据业态的特点进行设计。例如，对于小型连锁企业，通常采用职能型组织结构，即按职能来组织部门分工，这样可以提高管理效率和降低成本。

而对于大型连锁企业，则可能需要采用事业部制或多层次的连锁组织结构，以适应不同地区或不同业务单元的管理需求。

连锁企业的业态形式也会对其组织结构产生影响。不同业态的连锁企业，其经营方式、服务范围和产品特点等方面都存在差异，因此需要相应的组织结构来支持其运营。例如，对于大型超市连锁企业，需要设立商品采购、库存管理、销售和物流配送等部门，以确保商品供应和销售的高效运转。而对于餐饮连锁企业，则可能需要设立菜单规划、食材采购、食品制作和餐厅管理等部门，以确保食品质量和服务的优质。

此外，随着连锁企业的发展和业态的创新，其组织结构也需要不断调整和优化。例如，随着互联网技术的发展和电商的兴起，连锁企业开始加强线上线下的融合，实现全渠道销售和服务。这就要求连锁企业的组织结构能够支持线上线下的运营和管理，加强数据分析和智能化运营等方面的能力。

企业案例

永旺借助外力，开发定制化巡店助手

门店巡查是食品安全管理人员日常工作中的重要内容之一，也是连锁企业排查食品安全风险的有效手段。永旺超市借助外部力量，开发出定制化的食品安全自查管理数字化系统——巡店助手。该系统可将总部制定的食品安全风险管控清单进行统一化和区域化分别管理。企业总部可派发统一的日管控、周排查、月调度自查要求，在此基础上，区域公司还可根据属地市场监管部门要求进行个性化设置检查条款，以实现总部督导，区域公司自主管理与检查。所有检查结果经过定制化系统，形成连接总部、区域、门店的三级食品安全管理体系，既满足连锁企业自身的食品安全自查和风险排查需求，又可以与不同监管要求进行个性化对接，有效解决连锁企业统一管理与不同监管要求之间的矛盾。通过系统内部可督促门店更好地落实食品安全主体责任，为顾客保驾护航。

二、门店的岗位设置原则

连锁企业门店的营业面积、营业额、劳动量各不相同，因此，保持门店预期需求与人员供给之间的平衡，就成为门店人员配置的一大难题。一方面，雇用太多的店员会影响门店的成本和利润，一般而言，门店的人员费用占营业额的比率通常为 6% ～ 12%，占总费用的 30% ～ 50%；另一方面，员工人数太少则会增加工作量，打击员工士气，影响客服质量和降低销售额。因此，维持恰当的员工人数对于门店运营而言至关重要，通过科学的方法来满足人员配置的需求，既能够控制门店的工资支出，又能找到足够的技术熟练的员工，以确保各项业务的顺利开展。

门店人员配置方法的指导原则在于了解需求，找到合适的人员供给，并确定恰当的服务水平。具体来说，门店人员配置有以下 3 种方法。

1. 按目标销售额配置

在确定员工数量时，目标销售额是一个关键因素。假设我们要考虑员工的工资提升情况对员工数量的影响，因为随着员工工资的提升，在总目标销售额一定的情况下，能够聘

请的员工数量会相应减少。设总目标销售额为 S，每人销售额为 P，工资提升率为 r，则总员工数 N 的计算公式为

$$N=S/P(1+r)$$

这个公式的意义在于，当预期员工工资会有一定比例的提升时，要保证总目标销售额的实现，就需要根据每人销售额以及工资提升率来合理确定员工数量。

另外，从销售总利润额的角度来看，设目标销售总利润额为 G，每人目标销售总利润为 g，则总员工数 N 的计算公式为

$$N=G/g$$

这是因为销售总利润额是门店经营的重要考量因素，通过计算每人目标销售总利润来确定员工数，可以保证在获取一定利益的情况下合理安排人力。

2. 依据各部门各职务分析的工作量来配置

整理门店数据，确定所有门店工作的数量和种类。了解员工行为、客户模式、人员配备的限制因素与要求、现有排班流程以及员工的工作范围。预测人员配置需求。基于销售额与顾客资料，按时刻、天、销售情况计算得出。通过影响人员需求数量的内部因素（如本地促销与销售）和外部事件（如天气、节假日）估算出人员配置需求。结合这些数据和营业时数、开店与关店以及其他营业活动，得出每日每班的工作时间表。生成人员配置的备选方案。考虑换班、人员可用性和假日等限制因素，确定可满足人员配置需求的各种备选方案。确定最终人员配置方案。将预测人员配置水平与现有条件进行对比，识别必要的变更，如额外销售人员的人工成本，从而确定销售旺季和淡季所需的全职与兼职人员人数。

3. 依据销售量情况或门店面积来配置

（1）依据销售量情况配置。根据门店以往的销售数据以及行业平均水平，设定销售量与员工人数的比例标准。例如，假设某连锁超市平均每月每位员工能完成 3 万元销售额。那么，如果门店预计月销售额为 15 万元，就可以计算出所需员工数为 5 人（15÷3）。当然，这个标准可能因行业、商品类型、门店位置等因素而有所不同，需要结合实际情况进行调整。

（2）依据门店面积配置（以中国为例）。对于不同面积的门店，人员配置也有相应的参考标准。在我国的连锁超市行业中，一般来说：$80 \sim 300 m^2$ 的小型超市，每 $80 m^2$ 配备一个店员。$300 \sim 2\,000 m^2$ 的中型超市，每 $30 m^2$ 配备一名店员。$2\,000 m^2$ 以上的大型超市，每 $25 m^2$ 配备一名店员。店员一般包括收银员、营业员、理货员、会计、服务台人员等。

总之，只有做好适当的组织编制及人员配置工作，才能有效运用人力资源，充分发挥每个员工的能力，以提高门店整体的人员效率和竞争能力。

三、门店的岗位职责

门店配置的岗位设计是指在一家门店中，根据业务需求和组织结构，合理规划和划分各个岗位的职责和任职条件。通过岗位设计，可以使门店的运营更加高效和顺畅，提高员工的工作效率和满意度。以连锁超市门店岗位设置为例，门店的岗位职责如下。

1. 店长岗位职责

负责门店的整体管理和运营工作，包括员工管理、销售目标的制定和达成、库存管理等。店长应具备较强的领导能力和团队管理经验，熟悉门店运营流程，具备良好的沟通和决策能力。

2. 收银员岗位职责

负责门店收银工作，包括接待顾客、结算消费金额、处理退换货等。收银员应具备一定的数学计算能力，熟悉收银机操作，具备良好的沟通和服务意识。

3. 促销员岗位职责

负责门店商品的推广和销售工作，包括向顾客介绍产品特点、提供专业的购物建议等。促销员应具备良好的销售技巧和沟通能力，对所销售的产品有一定的了解和认知。

4. 仓管员岗位职责

负责门店商品的进货、出货和库存管理，保证货物的安全和及时供应。仓管员应具备一定的仓库管理经验，熟悉货物的分类和存储，具备良好的组织和协调能力。

5. 门店清洁员岗位职责

负责门店的日常清洁工作，包括清扫地面、擦拭物品、保持环境整洁等。门店清洁员应具有一定的清洁工作经验、良好的耐心和细致的工作态度。

议一议

新零售模式下，门店工作人员的岗位职责不再局限于传统的销售和服务，而是需要结合线上线下融合、数据驱动、个性化服务等新零售特点，进行更深层次的思考和创新。请和其他同学共同探讨门店工作人员在职责上需要进行哪些方面的角色扩展和技能提升。

四、门店的传统职能与新零售职能

1. 门店的传统职能

（1）销售管理。门店负责沟通、分解和执行门店运营目标，确定门店各班次，分解到各班组，明确班组销售目标与责任。同时，门店也负责制订销售计划，不断改进销售措施，以完成总部下达的销售目标和各项任务。此外，门店还需要为顾客提供优质的售前、售中、售后服务，并不断完善商品陈列展示，创造和维护良好便利的购物环境，提高整体营业服务质量，促进销售。

（2）商品管理。门店需要负责商品的进货、陈列、摆放、价签设置、补货，以及检查商品品质和保质期等工作，确保商品状态良好，让顾客在选购商品时没有阻碍。同时，门店也需要关注库存情况，避免积压和缺货现象的出现。

（3）收银管理。门店需要负责收银工作，包括结算顾客购买的商品、处理退款、记录账目等。收银员需要熟练掌握收银系统和相关设备，确保收款的准确性和高效性。

（4）人员管理。门店店长需要负责店铺的整体运营管理工作，包括制定店铺的销售、服务、人员和物资管理等策略与目标，并监督实施。同时，门店也需要对店员进行培训和考核，提高店员的服务质量和销售能力。

（5）环境管理。门店需要维护店里的卫生、确保环境舒适和保障购物安全等，为顾客提供一个良好的购物环境。

练一练

尝试为周边的门店设计一个门店环境管理方案，包括卫生清洁、空间布局、安全措施等，并说说在你的设计方案中，有哪些创新的点子能够吸引顾客并提高他们的满意度。

2. 门店的新零售职能

在新零售模式下，门店的职能得到了拓展和升级。新零售门店的职能更加注重数字化、智能化、体验化和社交化等方面的发展，以满足消费者不断升级的需求。除了传统的销售、商品、收银、人员和环境管理职能外，新零售门店还承担了以下新职能。

（1）数据收集与分析。新零售门店通过数字化技术和互联网思维，收集并分析顾客购物行为、喜好、需求等数据，以提供更加精准的个性化服务和营销策略。

（2）体验式服务。新零售门店注重为顾客提供独特的购物体验，包括店面设计、产品试用、互动活动等，以吸引和留住顾客。

（3）线上线下融合。新零售门店通过线上线下的融合，实现商品销售、服务体验和营销的全渠道升级。门店不仅承担商品陈列和销售的功能，还成为线上购物的体验中心和售后服务的重要场所。

（4）智能化的运营管理。新零售门店运用智能化技术，如人脸识别、智能导购、自助结账等，提高运营效率和顾客满意度。

（5）供应链协同。新零售门店与供应商、物流等环节实现信息共享和协同作业，提高库存周转率，降低物流成本，提升整体运营效率。

（6）社群营销与社交电商。新零售门店通过社交媒体、微信等平台，开展社群营销和社交电商，与消费者建立更紧密的联系，实现精准营销和口碑传播。

拓展阅读 借助"数智化"力量塑造多元商业体验场景

定位于"城市潮玩新引力"的成都招商大魔方，在空间场景打造方面精心构建了五大特色体验场景：城市之上的"自然绿洲"亚马孙森林瀑布、多互动全息树型LED屏城市科技生长树、迷幻漩涡魔方之心、"漫步云端"的空中天际跑道、600m巨幕裸眼3D。此外，成都招商大魔方与"大黄鸭"之父霍夫曼合作，共同打造了城市艺术新地标，为消费者带来非同凡响的惊喜体验。该项目整体强调"空间有情感，体验有故事"的理念，借助科技力量打造多元颠覆性的体验场景，通过聚焦于产品的发展，让消费者在游逛购物中心过程中充满记忆点，为当前及下一次消费的发生埋下伏笔。

3. 传统门店与新零售门店的对比

传统零售是以传统的现金、现货、现场的交易方式把商品和服务卖给最终消费者的零售模式。在这种模式下，消费者必须要到实体门店才能消费并将商品拿回去。新零售门店的核心要义在于推动线上与线下的一体化进程，其关键在于使线上的互联网力量和线下的实体门店终端形成真正意义上的合力，从而完成电子商务平台和实体门店在商业维度上的优化升级，同时促成价格消费向价值消费的全面转型。传统门店和新零售门店的区别主要表现在五个方面（见表1-1）。

表1-1 传统门店和新零售门店的区别

对比维度	传统门店	新零售门店
渠道布局	单一渠道	全渠道
销售场景	单一化	多样化
消费时空	固定	灵活
经营思维	以商品为中心	以消费者为中心
顾客分析	以主观经验为准	以大数据分析为参考

行业动态

　　为了解连锁零售企业组织能力动态与建设实践，研究与探索企业转型和变革创新之道，CCFA联合恺杰咨询已连续两年开展组织能力调研，并发布《2023年连锁零售企业组织能力调研报告》。本次调研共有112家企业参与问卷调研，6家企业参与深度访谈。调研内容涵盖公司治理、战略、组织、人才、机制、创新、数字化、文化等维度。

　　2023年零售企业的主要管理痛点依次是跨部门协同不畅、人才梯队断档、创新力不足、激励机制难以激发员工积极性和数字化管理落后（见图1-2）。其中：人才梯队断档、创新力不足是2022年调研前两位的痛点，但跨部门协同不畅成为2023年第一痛点，表明这几年零售业的转型在加快，短板也在凸显，全渠道、供应链、数字化等转型都需要深度的系统思维和跨部门协同。整体统筹，拉通流程，打破部门墙，将成为零售业下一步改革的必选项，也将成为领先零售企业的组织竞争优势。

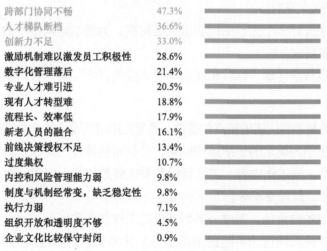

图1-2 零售企业当前管理痛点

未来，零售企业未来关注的三大战略主题依次是数字化转型与提升、商业模式创新和供应链能力打造（见图1-3）。毫无疑问，这些是赢得未来的关键成功因素。

战略关键词	百分比
①数字化转型与提升	46.4%
②商业模式创新	45.5%
③供应链能力打造	45.5%
④商品力打造/创新	35.7%
⑤关键人才选拔与培养	27.7%
⑥降本增效	23.2%
⑦线下运营能力提升	17.9%
⑧线上线下一体化	17.0%
⑨客户吸引与保留	14.3%
⑩组织和人员优化	14.3%
⑪国内业务扩张	12.5%
⑫国际化或海外扩展	6.3%
⑬跨界合作	3.6%
⑭AI运用	2.7%

图1-3 零售企业未来发展战略关键词

组织能力的打造是难而正确的事，没有所谓的诀窍。只有回到管理基本面，踏踏实实刷新组织、人才、机制，进而变革文化，转型才有成功的可能。

✅ 任务实施

1. 实施内容

构建一个高效、合理的组织结构，为各个岗位制定清晰的职责描述。

2. 实施要求

假设学生需要为一家即将开业的新零售门店设计组织结构。这家门店将采用线上线下融合的经营模式，提供商品销售、顾客体验和即时配送等服务。门店位于市中心繁华商圈，预计员工人数为30人左右。

（1）每组学生设计一个完整的门店组织结构图，为组织结构图中的每个岗位制定详细的职责描述和任职要求。

（2）进行角色扮演活动，体验和理解不同岗位的日常工作内容和挑战。

3. 实施步骤

（1）学生讨论新零售门店的特点和需求，确定组织结构设计的基本框架。

（2）每组学生根据确定的组织结构框架，分析可能涉及的岗位。为每个岗位制定详细的职责描述，包括主要工作内容、工作目标和关键绩效指标。同时，制定任职要求，如教育背景、工作经验、技能要求等。

（3）学生扮演各自角色，完成一系列预设的工作任务和场景。

（4）教师和学生共同讨论各组的组织结构设计和角色扮演活动的优缺点。根据反馈，学生对组织结构设计和岗位职责描述进行必要的调整和改进。

任务三　门店运营基本内容认知

知识目标：

○ 明确门店管理的目标；
○ 熟悉门店店长的工作流程；
○ 掌握门店日常运营管理的内容和标准。

能力目标：

○ 能够履行店长岗位职责；
○ 能够对门店运营手册的编写提出合理化建议；
○ 能够运用门店运营管理标准对门店日常运营进行管理和监控。

素养目标：

○ 具备良好的商业道德和职业操守；
○ 具有敬业、精益求精的精神。

任务描述

　　小莫通过学习，了解了门店的基本构成和连锁企业门店的不同业态类型，初步掌握了门店组织结构设计和人员配置的方法。但同时他也意识到连锁企业自上至下是紧密联系、缺一不可的，门店作为连锁系统中最活跃的因子，必须遵循总部的战略决策和统一的运营管理标准。那么，总部对门店管理都会提出哪些方面的目标和标准呢？应该如何落实呢？小莫对此将进行进一步探究。

知识储备

一、门店运营管理的基本目标

　　企业经营目标是在分析企业外部环境和内部条件的基础上确定的企业各个经济活动的发展方向和奋斗目标，是企业经营思想的具体化。企业的经营目标包括长期目标和各阶段目标。连锁企业的经营目标是各个门店在一定时期内所要达到的经营目的。门店的各项经营活动都应当围绕这一中心来组织安排。

　　门店的经营目标不仅是一个单纯的目标，而且是一个综合的体系。一般而言，企业的基本目标由经济收益和企业组织发展两方面构成。除了基本目标外，企业还必须满足所有者、经营管理者和员工这三者所想要达成的目标。这些目标必须与基本目标相一致，并与基本目标结合起来，形成一个具有内在一致性的目标体系。具体来说，门店主要的经营目标有如下几个。

1. 销售目标

组织商品流通、扩大商品销售，是门店最基本的经营任务。门店在一定时期内能实现的商品销售额的大小，一方面反映了连锁企业的经营机制运行是否有效，商业职能发挥是否充分；另一方面也说明了门店求生存、求发展能力的大小。在商业利润率相近的情况下，门店要创造较高的利润，就一定要创造较高的销售额。因此，销售目标（包括销售量和销售额）是门店最基本的经营目标。

2. 经济效益目标

提高经济效益、增加利润是门店经营活动的基本动力。企业不仅要生存，而且要发展。发展的前提之一是企业必须有资本积累。连锁企业要获得扩大经营规模的资本条件，主要依赖于其所属各个门店不断地提高经济效益，增加利润。提高经济效益意味着门店要增加销售额，相对降低经营成本，减少资金占用量，提高流动资金周转速度，从而提高资金利润率。

3. 商品组合与服务目标

适销对路的商品组合将直接影响门店的商品销售量。门店经营应适时淘汰滞销品，经常调整商品组合结构。增加适销商品，提高商品组合的广度和深度，就能增加消费者选择购买的商品范围，从而增加销售额。同时，周到的门店服务也能够促进商品销售量的增长。对门店来说，提供周到的服务，满足消费者对商品之外的需求，既是吸引消费者、扩大销售的一种手段，也是以服务竞争取代价格竞争、创造较高经营收入的重要途径。

4. 发展目标

企业的经营能否不断取得发展，一方面取决于企业管理体制和经营机制，另一方面也依赖于连锁企业各个门店的经营素质。门店的经营素质指的是门店的员工素质、技术素质和经营管理素质三者的状态及由三者综合形成的经营能量。建立健全科学的管理体制和经营机制，不断提高门店的经营质量，使其始终处于良性循环状态，是门店经营管理的一个重要目标。

想一想

> 随着数字化时代的到来，门店管理已经成为一项不可忽视的重要工作。在过去，门店管理往往是依靠经验和感觉进行的，但现在，数据分析和数字化技术的发展让门店管理变得更加科学化和精准化。有哪些门店运营管理工具可以帮助提升门店管理效果和效率呢？

二、门店运营管理的意义

企业经营必须有目的地进行。连锁企业要持续经营与发展，必须建立经营理念与经营目标，并获得全体员工的共识。团结全员向着目标努力，最终使各个门店达成良好的经营绩效。目标反映一个组织所追求的价值，是衡量企业各方面活动的价值标准，也是企业组织生存和发展的意义所在。对于连锁企业来说，门店运营管理具有十分重要的意义，主要表现在以下几个方面。

1. 有利于连锁经营企业整体经营目标的实现

连锁企业通过分布广泛的众多门店，将总体经营计划分解成若干门店的具体计划，各个门店按照总部的统一部署，做好自身的经营管理，可以保证企业整体经营目标的实现。

2. 能够规避投资风险和经营风险

门店通过实施总部的品牌战略，可以共享企业品牌和其他资源，从而有效地规避单体店自身投资的独立经营的风险。

3. 有利于提升门店的竞争力

门店通过实施统一的店名、统一的标志、统一的店面、统一的店貌、统一的卖场设计、统一的商品陈列、统一的设施设备、统一的服务规程和统一的操作规范，从而提升自身的竞争力。

行业动态 > 数字化转型助力企业风险管控

随着企业的规模逐渐变大，组织架构及运营模式也越来越复杂，传统的风险核查方法，如人工检查、经验判断等，效果逐渐降低，为此，企业需要通过数字化转型，有效应对风险。

钱大妈采用数字化手段实现数据共享，同时，通过建立整体预警机制，杜绝潜在风险。2022年2月，钱大妈内控中心与科技中心合作，利用数字化技术，对财务风险场景进行绘制，并系统建模，梳理了1 500多个供应商财务数据。由于实现了业务流程的数字化，成功避免/追回多付货款达200多万元。

新华都设立风控中台，监督设备状态并预警跟进异常状况，以优化人员效率。通过风控平台，新华都整合贯通多场景的点位及巡检，如制订巡更计划、安全门预警、加工间灶台监控等，防止火灾等风险的产生，并提高了整体运营效率。

为解决"超市盗"等问题，长春欧亚、冠超市等商超连锁企业，通过对摄像头等硬件设备利旧，加入大数据、人工智能等技术手段，快速锁定丢失问题，有效解决商品丢失痛点。

三、门店运营管理的基本内容

1. 商品规划

确定门店的经营范围和目标客户群体，根据市场需求和竞争情况，制定合理的商品品类和库存量。根据销售数据和市场趋势，定期调整商品结构，确保其适应市场变化和消费者需求。确定商品的采购渠道和供应商，建立良好的合作关系，保证商品的质量和供应稳定性。

2. 销售管理

制订销售计划和销售策略，分解为各个时间段和销售人员的具体任务。培训销售人员，提高销售技能和服务质量，促进销售业绩的提升。定期分析销售数据，找出存在的问题和改进方向，及时调整销售策略。跟踪竞争对手的动态，了解其销售策略和价格水平，制定应对措施。

3. 人员管理

制订人员招聘和培训计划，招聘合适的员工，提高员工的素质和能力。建立完善的员工考核和激励机制，提高员工的工作积极性和满意度。目标反映一个组织所追求的价值，是衡量企业各方面活动的价值标准，也是企业组织生存和发展的意义所在。实现企业与外部环境的动态平衡，使企业获得长期稳定协调的发展。定期组织团队建设活动，增强团队凝聚力和合作精神。为员工规划职业发展和晋升空间，提高员工的忠诚度和工作效率。

4. 财务管理

建立完善的财务管理制度，确保门店的财务状况合法、合规和透明。制定预算和成本控制策略，降低成本开支，提高盈利能力。定期进行财务审计和数据分析，及时发现问题并采取措施进行改进。关注税收政策和法律法规的变化。及时调整财务策略，避免税务风险。

5. 门店环境管理

设计合理的门店布局和陈列方式，提高商品的展示效果和吸引力。保持店内环境整洁、卫生和舒适，提高客户体验和满意度。合理利用空间资源，设置休息区、儿童区等多元化功能区域，满足客户多样化需求。关注环保和节能减排，采用环保材料和节能设备，营造绿色健康的消费环境。制定客户服务标准和流程，提高客户满意度和服务质量。关注客户反馈和投诉处理，及时解决问题并采取改进措施。建立会员制度和积分体系，加强与客户的互动和沟通，提高客户忠诚度。定期对客户进行调查和分析，了解客户需求和消费习惯，优化服务内容和质量。

6. 库存管理

根据销售数据和商品规划，确定合理的库存量和库存结构。采用先进的库存管理系统，实现实时库存监控和预警，避免库存积压和缺货现象。定期进行库存盘点和清仓处理，保证账实相符和库存准确性。与采购部门密切合作，及时调整采购计划和供应商合作方式，降低库存成本和提高库存周转率。

7. 营销推广

策划并实施有针对性的营销活动，以增加顾客流量和提升销售业绩。通过顾客关系管理维护老顾客，同时吸引新顾客，增强品牌忠诚度。利用数据分析来优化营销策略，确保营销活动的有效性和投资回报率。

知识拓展 门店实体店前置仓

门店实体店前置仓是一种新兴的零售模式，它结合了线上电商的便捷性和线下实体店的即时配送优势。这种模式通过在消费者附近设立小型仓库或配送中心，实现了快速响应订单和提供即时配送服务。前置仓可以分为两大类：

一类是以"唯品会""京东"等大型电商企业为主体，采用"总仓＋分仓"二级仓储形式布局的前置仓，其仓储规模较大，辐射半径一般为600km左右。

另一类是基于O2O服务模式的生鲜电商，采用"城市配送中心＋前置仓"模式，在城市内部布局前置仓。此类"前置仓"规模较小，仓储面积为80～100m²，辐射半径一般在3～5km。

生鲜电商前置仓配送模式，是指生鲜电商企业从"用户思维"的角度出发，在城市内部靠近消费者的地方布置前置仓，通过分析消费者购买生鲜商品时的行为，挑选出高频次购买的生鲜产品前置。客户在线上下单后，安排就近的前置仓为客户提供配送服务。生鲜电商的前置仓一般包括冷冻、冷藏和常温储藏区，由城市配送中心为前置仓补货，补货频率相对较高，补货数量会根据一个周期内的销售情况有所调整。

门店实体店前置仓对传统库存管理会产生一定的影响。

库存优化：前置仓模式允许门店根据实时销售数据和预测进行库存调整，从而减少过剩库存和缺货风险。

库存周转加快：由于前置仓更接近消费者，能够快速响应订单，减少了从中央仓库到门店的物流时间，提高了库存周转率。

精细化管理：门店需要更精细地管理库存，包括设置安全库存水平、实施库存同步策略，以及确保实物库存与销售库存之间的准确同步。

库位管理：前置仓模式强调库位管理的重要性，以确保仓内作业人员能够快速准确地定位商品，提高作业效率。

降低物流成本：通过前置仓，门店可以减少长距离运输的需求，从而降低物流成本。

提升顾客体验：前置仓能够提供更快的配送服务，提升顾客满意度，这对于生鲜产品尤其重要，因为新鲜度是消费者选择生鲜电商的关键因素之一。

四、店长的工作流程

1. 营业准备

每日开店前，确保店面清洁、整齐，营造舒适、整洁的购物环境。检查店内各类货品是否充足，陈列是否整齐有序。确认店内各项设备（如照明、空调、显示屏等）是否正常工作。提前了解当日促销活动，确保员工熟悉活动内容并做好相关准备。

2. 日常运营

监督员工的日常工作表现，确保各项工作按照标准流程进行。协助员工完成销售任务，提供必要的支持和指导。定期检查库存，确保货品充足且无积压。随时关注店内销售额、客流量等关键指标，及时调整策略。每日结算营业额并上报公司。

3. 客户服务

提供优质的客户服务，确保顾客满意度。及时处理顾客投诉，解决客户问题。主动向顾客收集反馈，持续改进产品和服务。定期对员工进行客户服务培训，提升团队服务水平。

4. 员工管理

根据员工能力和需求，合理分配工作任务。定期与员工进行沟通，了解员工需求和困难，提供帮助。对员工进行绩效考核，激励优秀员工，帮助落后员工改进工作表现。组织员工参加各类培训活动，提升团队整体素质。

5. 营销推广

根据市场情况和店内实际情况，制定合适的营销策略。负责店内各类促销活动的策划和执行。通过社交媒体、线上平台等渠道，进行宣传推广。关注市场动态，及时调整营销策略以适应市场需求。

6. 数据分析与决策

收集并分析店内各类数据（如销售额、客流量等），以制定合适的经营策略。分析竞争对手的经营情况，制定应对策略。根据数据分析结果，调整商品结构、促销活动等内容。定期向公司汇报数据分析结果及经营建议。

7. 门店维护

确保店内各项设施（如货架、展示柜等）保持良好状态。检查店内灯光、音响等设备是否正常工作，营造舒适的购物环境。关注店内安全情况，确保消防设施等安全设施正常工作。对店内环境进行定期清洁和维护。负责店内各类物资的采购和调配。

8. 紧急情况处理

制定应对突发事件的紧急预案，如意外伤害、火灾等。确保员工熟悉应急预案的具体内容。

知识拓展 新零售门店店长的工作流程

盒马鲜生：作为阿里巴巴新零售模式的代表，盒马鲜生通过线上线下融合、技术驱动的方式，重塑了生鲜超市＋餐饮的业态。店长需要管理线上订单处理、线下顾客体验，以及确保新鲜食品的快速配送。

小米之家：小米之家通过创造高频消费场景，将低频的电子产品销售转变为高频的消费体验。店长需要管理产品的多样化展示，确保线上线下价格和服务的一致性，以及通过数据分析来优化库存和销售策略。

星巴克：星巴克通过强化消费场景，如早餐、午餐、下午茶和晚餐，提升了顾客的体验。店长需要确保这些消费场景的顺利运作，同时利用数字化工具，如移动支付和会员系统，来增强顾客忠诚度。

通过这些案例，我们可以看到新零售门店店长的工作流程不仅包括传统的门店管理，还需要结合数字化工具和线上线下融合的策略，以提升顾客体验和运营效率。

五、门店运营管理的标准

1. 门店运营管理标准的实质

连锁企业总部是决策中心，而门店则是作业现场。一般情况下，由连锁企业总部统一制定门店运营管理标准，门店根据总部制定的运营管理标准，实施具体的作业化程序，最终实现连锁的协调运作。因此，总部制定的运营管理标准实质上就是详细周密的作业分工、作业程序、作业方法、作业标准和作业考核。

2. 标准的展开与实施

连锁企业需要具备总部统一协调控制和分店自主调整经营的能力，这种控制和自主的关系中存在着一些相互制约的因素，但并不是矛盾关系。没有连锁企业总部政令的高度集中、控制职能的高度发挥，就不可能有各个门店合理有效的运转。总部的功能突出表现在对门店经营整体运作的控制上。制定门店运营管理标准则是连锁企业总部的主要工作之一。

连锁企业内部通过总部与门店的分工，实现了决策与作业的分工。通过做好分工，减少总部和门店的不协调因素，总部和门店有机地结合为一个整体，由连锁企业总部统一制定门店运营管理标准。实质上连锁企业总部是决策中心，而门店则是作业现场。门店根据总部制定的运营管理标准，实施具体的作业化程序，最终实现连锁企业的协调运作。

门店制定运营管理标准时要按照确定作业分工、确立标准化作业的程序、记录作业情况、制定作业标准的步骤进行。标准化是连锁企业门店成功经营的基础。同时，门店的管理要体现"3S"（即标准化、简单化和专业化）的原则，必须将符合"3S"原则的流程作业制成手册，并以此为依据进行操作，这也是门店考核的依据。

3. 标准的探索与改善

运营标准的贯彻执行，依靠的是科学的严格管理，否则制定再多标准也形同虚设。分工越细就越需要协调，否则各个职能部门的运行会相互牵制，各个作业岗位的衔接也难以顺利进行，作业化管理所带来的优势就难以转化为连锁店的现实竞争优势。

因此在实际运营过程中，必须不断探索与改善连锁店的运营标准，使作业化管理不断合理化。由于标准的统一性并不排除门店的能动性，只要能使连锁企业门店的盈利水平提高，各门店都可以提出建设性意见，使更好的方法成为标准。通过门店的探索和总部的进一步研究、开发，不断改善连锁店的运营标准。标准化效果的取得，靠的是在严格管理的督促下，长期地坚持与改善标准，从而确立连锁企业门店整体的竞争优势。连锁企业的标准可从以下几个方面探索与改善。

（1）商品陈列标准。商品陈列应遵循分类明确、方便顾客寻找的原则，根据商品种类、品牌、颜色等进行分类陈列。陈列商品应保持整洁、美观，无破损、污渍、灰尘等情况，同时注意商品的摆放角度和照明效果。根据商品的销售情况和市场需求，及时调整陈列位置和方式，以提高商品销售和品牌形象。

（2）销售服务标准。销售服务应遵循礼貌、热情、专业的原则，为顾客提供优质的购物体验。员工应熟悉商品性能、价格、使用方法等信息，能够解答顾客提问，提供合理的建议和解决方案。销售过程中，员工应关注顾客需求，积极推荐适合的商品，并做好售后服务工作，如退换货、投诉处理等。

（3）员工培训标准。员工培训应包括岗前培训、在岗培训和晋升培训等内容，以提高员工的业务能力和综合素质。培训内容应包括企业文化、职业道德、服务技巧、商品知识、销售技巧等方面。定期对员工进行考核和评估，了解员工培训需求和不足之处，及时调整培训计划和方法。

（4）门店卫生标准。门店卫生应遵循清洁、整齐、无异味的原则，为顾客提供舒适的购物环境。定期进行环境清洁和消毒工作，保持店内空气流通，确保环境卫生与安全。员工应注意个人卫生和环境卫生，杜绝随地吐痰、乱扔垃圾等行为。

（5）安全管理标准。门店应建立完善的安全管理制度，确保员工和顾客的人身财产安全。定期进行安全检查和巡查工作，及时发现和处理安全隐患问题。加强消防安全管理和应急预案演练，提高员工和顾客的应急处理能力。

（6）财务管理标准。建立严谨的财务管理制度，确保财务数据的准确性和透明度。定期进行财务审计和成本分析，了解门店盈利状况和成本控制情况。

议一议

你认为哪些运营管理标准对门店的成功至关重要？为什么？

企业案例

王品餐饮的门店标准化管理之路

王品餐饮集团是我国台湾最大的餐饮连锁品牌，它拥有"王品台塑牛排""西堤""丰滑火锅""陶板屋"等10个品牌，其王牌产品"王品台塑牛排"占整个集团收入的1/4。

王品董事长将王品的成功归功于第一线服务作业流程标准化。为了实现服务标准化，王品整整有一年时间，完全停止开新分店，董事长要求管理人员全部下基层，自己也带头亲自下到每一家店考察柜台，为一线员工的服务评分。

过去，王品对所有店面的评分完全基于评分者个人感觉以确定该店的优势与不足。而新的评分标准则清楚地描述了每一个细节，例如，"顾客上门，接待人员是不是比顾客早一步把门打开？"评分者依此标准打分数就显得更为客观。有一次，在完成店面评分后，董事长兴奋地说："我好像看到王品的未来！"

实施标准化之后，王品餐饮集团从过去的只有两本工作手册，发展到如今的38本手册和运营规则。这些规则对员工服务客人的举止态度做出详尽的要求，规定必须使用"共同服务用语及动作"。而王品、西堤、陶板屋这些品牌依据消费定位不同，服务还有所差异：陶板屋诉求有礼，服务生必须做到向客人弯腰30度；至于西堤，强调热情活泼，服务生必须笑口常开；而王品牛排标榜尊贵，因此，服务生鞠躬时是15度，并保持浅浅的微笑。

王品餐饮集团的工作手册还精准估计客人从入座到离席的用餐时间，把服务标准化精确到分钟。以王品台塑牛排为例，要求在客人入座1min内送上冰水，服务生躬身15度，手持玻璃杯肚下方杯脚处，将冰水送至餐刀右上方，距牛排刀3cm处；2min后送上菜单，点餐后3min送上热面包；客人在72～92min用餐完毕。

思考：1. 王品餐饮集团的门店管理标准化包括哪些方面？

2. 餐饮企业的门店管理标准化应注意哪些问题？

✓ 任务实施

1. 实施内容

门店突发事件处理措施和应急响应设计。

2. 实施要求

假设门店在高峰时段突然遭遇停电，所有电子支付系统和库存管理系统无法使用。学生需要扮演店长角色，处理以下问题（见表1-2）。

表 1-2　门店突发事件处理措施和应急响应

突发事件待处理问题	预防措施	应急响应	恢复计划
维持顾客秩序，确保门店安全			
手动处理交易和库存记录			
与物业和电力公司沟通，尽快恢复供电			
向总部报告情况，并根据反馈调整门店运营策略			

学生从需要处理的问题中抽取问题，并开展本组的门店突发事件处理措施和应急响应设计，开展汇报分享。

3. 实施步骤

（1）学生分组，每组抽取一个门店突发事件情境。学生讨论并制定应对策略，包括预防措施、应急响应和恢复计划。每组学生扮演店长和其他角色，模拟处理突发事件的过程。

（2）学生根据情境问题处理的结果，制订详细的工作计划。教师指导学生监督执行工作计划，并进行必要的调整。

（3）学生根据反馈，对工作计划和应对策略进行改进，提高处理突发事件的能力。

项目评价

学习目标	评价项目	自我评价（30%）	组间评价（30%）	教师评价（40%）
专业知识（30分）	了解连锁企业门店的概念、构成和功能			
	熟悉门店岗位设置原则			
	熟悉门店传统职能与新零售职能			
	熟悉门店的岗位职责和任职要求			
	掌握门店店长的工作流程和门店日常运营管理的内容和标准			
专业能力（40分）	能够介绍门店基本构成、特征和区分连锁门店的不同类型			
	能够开展基本的门店岗位设置工作			
	能够对门店开展数据化和智能化管理			
	能够运用门店运营管理的标准对门店日常运营进行管理和监控			
职业意识（30分）	具备创新思维和商业风险意识			
	具备良好的商业道德和职业操守			
	具有敬业、精益求精的精神			
教师建议		评价标准：A：优秀（≥80分）B：良好（70～79分）C：基本掌握（60～69分）D：没有掌握（＜60分）		
个人提升方向				

项目练习

一、单项选择题

1. 以下属于无店铺零售模式的是（　　　）。
    A. 电话订购　　　　B. 电视销售　　　　C. 流动商贩　　　　D. 以上皆是

2. 门店的基本职能是（　　　　）。

    A. 销售商品   B. 服务   C. 存货   D. 配送商品

3. 与单店相比，连锁企业门店具有的特点是（　　　　）。

    A. 业态多   B. 统一化   C. 规模化   D. 非标准化

4. 门店的新零售职能不包括（　　　　）。

    A. 收银管理   B. 数据收集与分析

    C. 体验式服务   D. 社群营销与社交电商

5. 门店运营管理标准由（　　　　）制定。

    A. 总部   B. 店长   C. 经理   D. 主管

二、多项选择题

1. 连锁企业的基本构成有（　　　　）。

    A. 总部   B. 门店   C. 购物中心   D. 配送中心

2. 门店是连锁企业总部各项政策、制度、标准、规范的执行单位，也是利润的直接创造者，其基本职能有（　　　　）。

    A. 销售管理   B. 商品管理   C. 财务管理   D. 环境管理

3. 按照经营形式，连锁经营可以划分为（　　　　）。

    A. 正规连锁   B. 协议连锁   C. 特许连锁   D. 自由连锁

4. 以下关于门店运营管理意义的说法，错误的是（　　　　）。

    A. 连锁企业通过门店将总体经营计划分解，各门店按总部部署经营，有利于企业整体经营目标的实现

    B. 门店运营管理无法规避投资风险和经营风险，因为每个门店都有自己独立的经营情况

    C. 门店实施统一的店名、标志、店面等，有利于提升自身的竞争力

    D. 连锁企业的门店运营管理对于企业的持续经营和发展有着十分重要的意义

5. 以下（　　　　）选项不属于店长的工作流程。

    A. 监督员工日常工作表现，确保工作按标准流程进行

    B. 直接进行商品的生产加工

    C. 制定营销策略，负责促销活动策划和执行

    D. 收集分析店内数据，制定经营策略

三、简答题

1. 简述连锁企业门店的特征。

2. 简述零售业态的类型。

3. 简述门店的新零售职能。

4. 简述门店运营管理的基本目标。

5. 简述门店运营管理的意义。

项目二
门店环境管理

项目情境

　　小莫作为管培生6月从学校毕业，随后来到一家全渠道多业态的区域型商业集团。半年后，他被公司安排在市场部工作。最近，小莫需要尽快熟悉对集团线下门店环境的管理工作，因为领导布置了任务，让小莫所在的小组对集团旗下超市、专卖店的门店环境和商品陈列进行调研并提交优化方案。作为新人的小莫实在不知道从哪里入手，市场部经理建议大家想想哪些因素会影响顾客的购物体验，小莫所在的小组经过调研列出了三项任务：①如何设计门店布局；②如何规划商品陈列；③如何营造卖场氛围。

知识结构

门店环境管理	门店布局设计	门店功能区域划分
		卖场的布局规划
	商品陈列管理	商品陈列的原则和方法
		橱窗陈列设计
		陈列色彩搭配
	卖场氛围营造	卖场照明设计
		卖场背景音乐设计
		卖场气味、通风、温度和湿度的设计

任务一　门店布局设计

学习目标

知识目标：

○ 了解门店功能区域划分和卖场的布局规划；

○ 理解卖场主副通道的设计、顾客流动路线设计和磁石点理论。

能力目标：

○ 能够利用磁石点理论和顾客流动路线设计的原理配置商品；

○ 能够对不同性质商品在卖场中的位置进行科学确定；

○ 能够根据顾客的需要，合理进行门店布局设计的实践能力。

素养目标：

○ 以顾客为中心，培养敏锐的观察力。

任务描述

小莫来到门店，想要了解门店功能区域的划分情况，也想知道卖场的布局是如何规划的，包括基本的布局形式、卖场主通道与副通道的设计、顾客流动路线设计，以及卖场的磁石点理论具体是怎样的。面对众多问题，小莫一时间犯了难。

知识储备

一、门店功能区域划分

从建筑设计的角度来看，门店的功能区域可分引导空间、营业空间和辅助空间。从商品经营的角度看，在这三个部分中，营业部分是门店的主体，其他部分均围绕其组织空间，使三者紧密联系，又各自保持一定的独立性，且各部分均设置单独的出入口。

（一）引导空间

引导空间由广场、主出入口、问讯寄存、垂直交通等空间组成，具有组织疏散人流的功能。

1. 广场

广场（见图2-1）是主要人流的疏散场地，又是室内外的过渡空间，使进出门店的人流在此得到缓冲，避免同城市交通发生冲突。广场除具有交通集散的作用之外，还可以设置超市促销活动的展示台、大型充气式广告以及休息娱乐设施，从而营造出良好的商业氛围。

图2-1 广场

2. 主出入口

在对建筑用地形态、主要来店方式、周边道路情况、连接情况以及与城市主干道间的关系等进行分析后，进行主出入口（见图2-2）设置。一般情况下，顾客使用的出入口设置在来店人数最多、最集中的车站附近，或靠近主要道路的地方。

图2-2　主出入口

3. 问讯寄存

问讯寄存（见图2-3）空间布置于室内主出入口之间，便于顾客存取物品。其面积应与门店规模相适应，以免在购物高峰期出现寄存处人流拥堵现象，影响顾客愉快购物。

4. 垂直交通

门店所在商业综合体中的垂直交通（见图2-4）设施有自动扶梯、自动人行坡道以及疏散楼梯三种。后场垂直交通设施为普通楼梯、客货两用电梯或者员工专用电梯，一般将电梯放置在各类后勤设施的核心位置。

图2-3　问讯寄存

图2-4　垂直交通

（二）营业空间

近年来，商业综合体为了增强对顾客的吸引力，扩大商品经营种类和范围，从而引入了许多专卖店，在内部格局上则常把这些专卖店集中布置在一层或主出入口附近。大型超市出租店往往占据底层空间与出入口直接相连，是顾客流速最快、流量最大的空间；商业综合体的出现改变了人们的生活习惯，越来越多的消费者喜欢光顾集购物、餐饮、娱乐、休闲为一体的综合性商场。

（三）辅助空间

门店建筑的辅助空间又称后场，是员工和供应商的活动场所，主要承担对前台和卖场的指挥调度、后勤补给及员工生活的职能，大致可分以下三大类。

1. 作业场和仓库管理空间

以超市为例，超市的商品不外乎生鲜及干货两种。对生鲜食品而言，需有作业处理场。作业场是门店进行商品化的场所，也就是将原材料加以分级、加工、包装、标价的场所。目前，由于物流公司的功能越来越强，可为卖场提供较佳的服务，因此后场的仓库有逐渐缩小的趋势。当然，作业场位置的安排以及与卖场的连接也应引起注意，应该尽量做到商品配送、货物流转时间短，所费人工成本低。

行业动态 > 什么是电商云仓储？

云仓储，也就是我们经常听到的第三方仓库，主要是给淘宝、京东、拼多多、唯品会、直播带货等商家提供包括商品入库、质检、存储、打单、分拣、包装、指派、出库、退换货、盘点等仓配一体化服务。

云仓储平台目前主要分为以下三种。

1. 快递类云仓

快递类云仓包括中通云仓、百世云仓、顺丰云仓、EMS云仓等。此类云仓的优势就是快递价格低、揽收及时，同时库内操作费也很低，整体性价比较高。缺点就是快递类云仓主打简易作业模式，订单类型以单爆品为主，当订单操作较为复杂、包装要求较高且日均发单量不多时，其价格及服务质量很难得到保障。

2. 平台类云仓

这类云仓是电商平台为入驻本平台的电商企业提供的仓配一体化服务。入驻电商平台类云仓更大的好处是，除了仓配服务以及发货时效可以得到保障外，还能额外享受到平台的曝光、排序优先等。缺点是入仓门槛相当高，不但要求电商企业具有多仓铺货的能力，对品牌直属、周转率等要求也很高，不是一般的中小电商企业想加入就能加入的。

3. 互联网化第三方云仓

此类云仓（如天极云仓）可以针对不同的产品业务类型提供不同的服务，它的优点是灵活性很强。对于那些对服务质量有较高要求且单票利润较高的电商企业来说，这类云仓是比较不错的选择。因为互联网化第三方云仓的灵活性比较高，所以是目前大部分电商企业的优先选择。

---

2. 行政管理空间

这是门店的中枢神经系统，包括店长、人力资源等管理人员的办公场所及计算机处理中心、监视系统等设施设备，其主要职能是对全店实施管理。

3. 员工福利空间

员工福利空间主要包括食堂、休息室、卫生间、员工更衣室和更衣柜、员工培训室等，这是不可缺少的一部分，对提高员工的积极性和工作效率具有十分重要的意义。

二、卖场的布局规划

（一）卖场布局规划的常见类型

卖场布局的类型有很多，可以根据每个卖场的实际经营需要，设定不同的格局。卖场的布局首先随着销售方式的不同而改变。目前的销售方式有隔绝式和敞开式两种。

1. 隔绝式

隔绝式（见图 2-5），即用柜台将顾客与卖场人员隔开。顾客不能直接触及商品，商品必须通过卖场人员转交顾客。

这种销售方式便于对商品进行管理，但由于顾客不能直接接触商品，不便于广泛、自然地参观选购，同时增加了劳动强度，一般适用于贵重商品和易污损的商品。

2. 敞开式

敞开式（见图 2-6），即将商品展示在售货现场的柜架上，允许顾客直接挑选，卖场人员工作现场与顾客活动场地合为一体。

这种销售方式迎合新的购物理念，从而提高售货效率和服务质量。但采用这种售货形式必须注意采取一些相应措施，加强商品管理和安全工作。卖场人员应随时整理商品，保持陈列整齐。

图 2-5　隔绝式

图 2-6　敞开式

（二）卖场主副通道的设计

主副通道要有层次感，要错落有致，使不同商品的陈列在空间感受上有显著区别。一般商店的主力商品尽量放在主通道，而连带商品和辅助商品安排在副通道，但也要考虑整体商品布局。为了消除卖场死角，一些商场也将特价品或畅销品摆放在最里面或副通道上。

1. 主通道的设计

主通道要保证通畅，应尽量减少广告牌、品尝台等设施的摆放，应避免采用商品突出陈列，更不能陈设与所售商品无关的器具、用品，以免阻碍客流，影响该区域销售。

（1）水平人流动线设计。对水平人流动线设计来说，最具代表性的形状是凹字形，可以让顾客一目了然地看到各大类商品，并能走过店内主要的商品陈列区，较快地找到目标商品。尽量不要出现射线形，避免顾客不停地走回头路。

设计时，在保证商场通透性的基础上，宜采用之字形的折线式设计。每隔三四十米做一个拐弯继续前进，改变动线的心理长度，缓解疲惫感，创造一种曲径通幽、柳暗花明又一村的感觉。

对于主通道的宽度设计，需根据商场的人流量来确定，但最窄也要符合现代三口之家并列行走的宽度，符合防火安全的规定。

（2）垂直人流动线。垂直人流动线的设置相对于平面人流动线要简单一些，主要从电梯和楼梯的形式、数量、地点这三个方面进行考量。

形式是指设置成电动扶梯、垂直观光电梯、坡道、个性化楼梯等。电梯和楼梯的形式和数量，要视卖场的规模而定。比如随着卖场人流的增多，可在卖场的中庭部分，除了自动扶梯外，再增设观光电梯，加速顾客直接到达高层的速度，并可提升卖场的观光性、趣味性和各楼层商品的宣传性。

2. 副通道的设计

副通道主要是指卖场中各商品部门的人流动线。对商家来说，如果闲逛性顾客在卖场主通道没发现值得留步的商品，或者没看多少就转身而出，这是最棘手的事。

因此，如何能把每一个进入卖场的潜在消费者留住，引导顾客继续前行观看产品并产生购买欲望，降低顾客回转率就显得尤为重要。所以，应该在卖场中明确导购员的站位，灵活变动货柜，规划好副通道。

（三）顾客流动路线的设计

如何诱导顾客在店内尽量多地行走，是卖场设计中要特别注意的问题。顾客流动路线设计是指店内顾客的流动方向。

由于店内顾客的流动方向是被店方有计划地引导的，所以也把顾客流动路线称作"客导线"。一条好的顾客流动路线应该符合以下要求：①充分利用商场空间，合理组织顾客流动与商品配置；②顾客从入口进入卖场内步行一圈后，在离店之前必须通过收银台；③避免出现顾客只能止步往回折的死角；④尽可能地延长顾客的洄游时间及在卖场内的滞留时间，以创造销售机会；⑤采取适当的通道宽度，以便顾客环顾商场，观察商品；⑥尽量避免与商品配置流动线交叉。

近年来，国外一些大型超市打破了卖场通路左右对称的传统布局，更强调其布局的非对称性，力求给顾客一种卖场不断变化的新鲜感觉。

人们一般习惯于走短距离且无障碍物的道路。在安全的前提下，人们更喜欢为缩短距离而抄近道行走。现在许多大型超市或百货店考虑到人们这种"近道效应"行为，有意减少通路的直角，而更多地在拐弯处或通路交叉处采用曲线角度，使卖场通路设计更符合人们的生活习惯。

（四）卖场的磁石点理论

所谓磁石，是指卖场中最能吸引顾客目光和注意力的地方，磁石点就是顾客的注意点，这种吸引力的创造是依靠商品的配置技巧来完成的。

在商品配置中，磁石理论运用的意义是在卖场中最能吸引顾客注意力的地方配置合适的商品以促进销售，并且这种配置能引导顾客逛完整个卖场，达到增加顾客冲动性购买比重的目的。卖场磁石分布图见图 2-7。

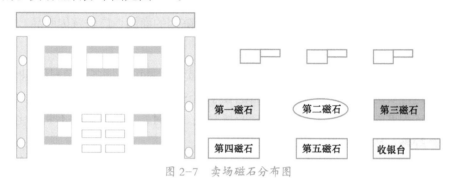

图 2-7　卖场磁石分布图

💭想一想

磁石点如何配置商品呢？

卖场磁石点分为五个，应按不同的磁石点来配置相应的商品。

1. 第一磁石点：主力商品

第一磁石位于主通道的两侧，是顾客必经之地，能吸引顾客进入内部卖场，也是商品销售的最主要的区域。此处应配置的商品为：

（1）消费量多的商品。

（2）消费频度高的商品。消费量多、消费频度高的商品是绝大多数顾客随时要使用的，也是时常要购买的。因此，将其配置于第一磁石的位置，可以增加销售量。

（3）主力商品。

2. 第二磁石点：展示观感强的商品

第二磁石位于通路的末端，通常是在超市的最里面。第二磁石商品负有诱导顾客走到卖场最里面的任务。在此应配置的商品有：

（1）最新的商品。顾客总是不断追求新奇。新商品的引进伴随着风险，将新商品配置于第二磁石的位置，必定会吸引顾客走入卖场的最里面。

（2）具有季节感的商品。具有季节感的商品必定是最富变化的，因此，超市可借季节的变化进行布置，以吸引顾客的注意。

（3）明亮、华丽的商品。明亮、华丽的商品通常也是流行、时尚的商品。由于第二磁石的位置相对较暗，所以配置较华丽的商品能够提升亮度。

（4）顾客最关注的品牌商品。

3. 第三磁石点：端架商品

第三磁石指的是卖场中央陈列货架两头的端架位置。第三磁石商品的作用就是要刺激顾客、留住顾客。通常情况可配置如下商品：特价品、自有品牌的商品、季节商品、购买频率较高的商品、促销商品、高利润的商品等。商品需经常变化（一周最少两次）。

4. 第四磁石点：单项商品

第四磁石指位于辅通道的两侧，主要是让顾客在陈列线中间引起注意的位置。这个位置的配置不能以商品群来规划，而必须以单品的方式，配合各种助销手段向顾客表达强烈诉求。在此应配置的商品包括热门商品、特意大量陈列的商品、广告宣传商品。

5. 第五磁石点：卖场堆头

第五磁石位于结算区（收银区）域前面的中间卖场，是可根据各种节日组织大型展销、特卖的非固定性卖场，以堆头为主。其目的在于通过采取单独一处、多品种、大量陈列方式，造成一定程度的顾客集中，从而烘托卖场气氛。同时，展销主题的不断变化，也能给顾客带来新鲜感，从而达到促进销售的目的。

也许有人会问，既然可以利用磁石商品来调节卖场内部不同位置的客流冷热不均情况，那么是否还有其他事物可以作为磁石吸引顾客呢？答案是肯定的。首先除了磁石商品，门店中还有很多带动客流的设备设施，如楼梯、试衣间、卫生间、收银台、礼品台、辅助加工区、顾客休息区等多种调节客流的手段，经营者要学会合理使用。

✅ 任务实施

1. 实施内容

知名门店布局设计分享会。

2. 实施要求

根据本任务所学知识，选择国内或区域内知名门店卖场开展调研，以实地走访或互联网调研的方式，了解该门店卖场的布局规划，分析卖场布局规划的类型、卖场主副通道的设计、顾客流动路线的设计以及磁石点的设置。

3. 实施步骤

（1）全班同学自由分组，每组 3 ~ 5 人；小组选择一个门店或一个品牌卖场，通过实地走访或互联网搜集资料。

（2）分析该门店在卖场布局规划方面采取的措施，对其产生的效果进行评价。

（3）以小组为单位进行 PPT 汇报，小组互评，教师点评；全班同学开展交流分享。

任务二　商品陈列管理

◉ 学习目标

知识目标：

○ **熟悉商品陈列原则和陈列方法；**

○ 熟悉橱窗陈列设计和陈列色彩搭配。

能力目标：

○ 能够选择合适的陈列方法；
○ 能够运用色彩搭配技巧进行基础的商品陈列。

素养目标：

○ 努力按美的规律提高对商品陈列的配置规划能力；
○ 增强对商品陈列的视觉营销能力，提高表现美、创造美的能力。

任务描述

　　小莫通过学习，对门店功能区域划分和卖场的布局规划有了一定的认知。但是，功能区域划分、布局规划合理就意味着能吸引顾客进店吗？如何做好商品陈列管理，又应该从哪些方面进行商品陈列设计呢？小莫开始了新的学习。

知识储备

一、商品陈列的原则和方法

　　商品陈列是门店日常经营管理的重要内容，是卖场的"门面"，是顾客购买商品的"向导"，科学、美观、合理、实用的商品陈列可以引起顾客的购买兴趣和购买冲动，起到刺激销售、方便购买、节约人力、利用空间、美化环境等作用。

（一）商品陈列的原则

1. 显而易见的原则

　　商品陈列显而易见原则要达到两个目的：一是卖场内所有的商品不仅让顾客看清楚，而且还必须引起顾客的注意；二是激发顾客冲动购买的心理。因此，要使商品陈列显而易见，要做到以下几点：第一，价格标签正面要面向顾客；第二，商品在陈列时不能被其他物品遮住视线；第三，货架下层不易看清的商品，可以采用倾斜式陈列。（见图 2-8）

图 2-8　显而易见原则展示

2. 先进先出的原则

　　随着商品不断地被销售出去，就要进行商品的补充陈列，补充陈列的商品就要依照先进先出的原则进行。当货架上的商品需要进行补货陈列时，将原来的商品放在新陈列的商品的前面。这样可以保证先进的商品先卖出去，保证商品的新鲜度。

3. 陈列丰满的原则

商品种类丰富且数量充足，目的是使顾客有挑选的空间，避免产生脱销现象。从国内超市经营情况来看，超市每平方米营业面积的商品陈列平均要达到 11 ~ 12 个品种，调查资料表明，未能做到丰满陈列的卖场和实现丰满陈列的卖场相比，销售额相差达24%。（见图 2-9）

图 2-9　陈列丰满的原则

4. 关联性的原则

顾客常常是依货架的陈列方向行走并挑选商品，很少再回头选购商品。所以关联性商品应陈列在通道的两侧，或陈列在同一通道、同一方向、同一侧的不同货架上，而不应陈列在同一组双面货架的两侧。

5. 垂直陈列的原则

货架上同类的不同品种商品要做到垂直陈列，避免横式陈列。因为人的视线上下移动方便，而横向移动其方便程度要较前者差。再者，同类商品垂直陈列可以使同类商品均衡享受到货架上各个段位的销售利益。

6. 富有变化的原则

商品陈列忌固化和单调，否则给人的印象是缺乏新鲜感、沉闷。因此，在整个卖场陈列立面上，除了货架整齐陈列外，可采用悬挂、堆垛等各种方法使整个卖场陈列富有层次且活泼生动。货架、堆垛特别是端架上的商品要经常变化，根据商品季节性、DM（Direct Mail，直邮广告）周期等推陈出新。

（二）商品陈列的方法

1. 集中陈列法

这种方法是商品陈列中最常用和使用范围最广泛的方法，是把同一种商品集中陈列于卖场的同一个地方，这种方法尤其适合周转快的商品。

2. 整齐陈列法

这是按货架的尺寸，确定单个商品的长、宽、高的排面数，将商品整齐地堆积起来以突出商品量感的方法。这种方法适合超市季节性需求大、顾客购买率高且购买量大的商品，整齐陈列法必要时可做适当变动，方便顾客拿取。

3. 突出陈列法

突出陈列法是指在中央陈列架的前面，将商品突出陈列的方法。这种方法旨在打破单调感，吸引顾客进入中央陈列架。突出陈列不能影响购物路线的畅通，一般适用于陈列新产品、推销商品及廉价商品。

4. 关联陈列法

关联陈列法是指将不同种类但相互补充的商品陈列在一起。该方法既可以使整体陈列多样化，也增加了顾客购买商品的概率。

5. 随机陈列法

随机陈列法是随机地将商品堆积在一种圆形或方形的网状筐或台上的陈列，通常配有特价销售的价格牌子，给顾客一种"特价品"的印象。一般门店特价或促销的商品采用这种方法。

6. 端头陈列法

端头陈列法是指利用双面的中央陈列架的两头进行商品陈列的方法。端头是顾客通过流量最大、往返频率最高的地方，顾客可以从三个方向看见陈列在这一位置的商品。端头一般用来陈列要推荐给顾客的新商品、特价品、知名品牌商品及利润高的商品。

7. 岛式陈列法

岛式陈列法是指在门店的进口处、中部或底部不设置中央陈列架，而配置特殊用的展台陈列商品。岛式陈列的商品可以从四个方向看到，其效果较好。这种陈列方法适合陈列色彩鲜艳、包装精美的特价品、新产品等。

8. 悬挂式陈列法

悬挂式陈列法是指将无立体感、扁平或细长形的商品悬挂在固定的或可以转动的装有挂钩的陈列架上的方法。它能使商品生动形象，从而引起消费者的注意，适合于陈列有孔型包装的食品、儿童玩具、日用小百货等。

二、橱窗陈列设计

橱窗是卖场内涵的外在表现，有人将其称为品牌的眼睛，是卖场内部商品的信息传达工具，作为卖场的重要组成部分，有着独特的艺术表现特征，起到了一定的传达品牌意念、诱导和吸引顾客的作用。

有效的橱窗陈列包括对商品进行巧妙的布置、陈列，借助展品装饰物和背景处理以及运用色彩照明等手段，或者利用立体媒体和平面媒体结合橱窗的空间设计，营造一种突出的视觉效果。

（一）橱窗展示的分类

1. 封闭式、半封闭与开放式橱窗陈列

根据装修的方式，橱窗陈列分为封闭式橱窗陈列、半封闭式橱窗陈列与开放式橱窗陈列。

（1）封闭式橱窗陈列。封闭橱窗陈列多用于大型综合性商场，这种构造形式完整性比较强，它与商场和顾客进行了有效的隔离，仅通过背景的烘托、等效的装饰以及物品的摆放陈列等手段营造出舞台般的效果。

封闭橱窗的利用元素有几个方面：首先是背景，可以将其作为整个陈列的平面展示部分，发挥平面媒体传达信息的作用，从而构成前有立体、后有平面的交错展示空间效果；其次是利用灯效对封闭橱窗内进行照明和烘托气氛，渲染整个场景；最后，将封闭空间进行有效分割，进行不同方式的置景，构造商品与道具、商品与场景、商品与气氛的舞台效果，使其成为街景中流动的广告片。

（2）半封闭式橱窗陈列。半封闭式橱窗陈列，是橱窗后背与卖场之间采用半通透式的形式。这种橱窗能够很好地使橱窗和卖场同时展示，应用范围比较广泛，实施方法十分灵活。

半通透样式的橱窗陈列，给人一种似透非透之感，透中有隔，隔而不堵。加之在现代陈列设计中，对先进有机塑料和透明、磨砂材质玻璃等现代装修材料加以利用，在设计应用手法上采用结构分割（包括横向分割、纵向分割等手法）等，进一步强化了半开放的效果。

（3）开放式橱窗陈列。这种陈列方式在现代大小卖场以及专营店或者专柜都有采用，橱窗背景被全部取走，透过背景玻璃可以看到卖场内部构造，也有的背景呈半通透式，构成了背景加卖场内部场景的效果。此类橱窗陈列设计要考虑里外两面的观看效果，若设计巧妙，对于限制品牌内部展示商品视觉效果和吸引顾客具有独特的作用。

2. 店头橱窗与店内橱窗结合

根据位置分布的不同，橱窗可以分为店头橱窗和店内橱窗两大类。

店头橱窗通常设计在店面入口的一侧或两侧，与店头相结合，形成一种综合性的宣传方式。它们不仅衬托店名，还通过现代陈列技术，运用主题场景和风格各异的装饰道具，来展现品牌的独特风格。而店内橱窗则多指位于商店内部的展示区域，主要用于展示本季最新款的服装。

（二）橱窗展示的手法

1. 直接展示

将道具、背景精简至最低程度。运用陈列技巧，通过对商品的折、拉、叠、挂、堆，充分展现商品自身的形态、质地、色彩、样式等。（见图2-10）

2. 寓意与联想

运用部分象形形式，以某一环境、某一情节、某一物件、某一图形、某一人物的形态与情态，唤起消费者的种种联想，产生心灵上的某种沟通与共鸣，以表现商品的特性。

　　寓意与联想也可以运用抽象的几何道具，通过平面、立体、色彩的表现来实现。生活中两种完全不同的物质、形态和情形，由于内在美相同，也能引起人们相同的心理共鸣。橱窗内的抽象形态营造出一种崭新的视觉空间，而且具有强烈的时代气息。（见图 2-11）

图 2-10　直接展示

图 2-11　寓意与联想

3. 夸张与幽默

　　运用合理的夸张手法，将商品的特点和个性中美的因素明显夸大，强调事物的实质，给人以新颖奇特的心理感受。通过贴切、幽默、风趣的情节，把某种需要肯定的事物无限延伸至夸张与幽默的展示漫画式程度，充满情趣、引人发笑且耐人寻味。幽默的橱窗展示可以达到既出乎意料，又在情理之中的艺术效果。（见图 2-12）

图 2-12　夸张与幽默

（三）橱窗的布置方式

1. 综合式橱窗布置

综合式橱窗布置是将许多不相关的商品综合陈列在一个橱窗内，以组成一个完整的橱窗广告。综合式橱窗布置由于商品之间差异较大，设计时一定要谨慎，否则就会给人一种"什锦粥"的感觉。综合式橱窗布置方式主要有：

（1）横向橱窗布置。将商品分组横向陈列，引导顾客从左向右或从右向左顺序观赏。当展示同类服饰时，如都是上衣展示，通常使用这种方式。

（2）纵向橱窗布置。按照橱窗容量大小，将商品纵向分成几个部分，使其前后错落有致，便于顾客从上而下依次观赏。这种方式主要适合于整体装束的展示，例如从上到下依次展示帽子、上衣、下装、鞋，以形成整体风格。

（3）单元橱窗布置。利用分格框架将商品分别集中陈列，便于顾客分类观赏，多用于小商品展示，如帽子、丝巾、皮包等。（见图2-13）

图 2-13 单元橱窗布置

2. 专题式橱窗布置

专题式橱窗布置是以一个广告专题为中心，围绕某一特定的事情，组织不同类型的商品进行陈列，向媒体大众传达一个诉求主题。例如节日陈列、丝绸之路陈列等。

专题式陈列方式多以一个特定环境或特定事件为中心，把有关商品组合陈列在一个橱窗。专题式橱窗布置方式又可分为：

（1）节日陈列。以庆祝某一个节日为主题构建节日橱窗专题。如在过年时，可在橱窗中设置一些红色的喜庆元素，既突出商品，又渲染了节日气氛。（见图2-14）

图 2-14 节日陈列

（2）事件陈列。以社会上某项活动为主题，将关联商品组合起来陈列于橱窗中。如大型运动会期间，可设置专门展示运动装的橱窗。

（3）场景陈列。根据商品用途，把具有关联性的多种商品在橱窗中设置成特定场景，以激发顾客的购买行为。例如，将运动装穿在模特身上并摆放在橱窗中，同时可根据服装的适用性搭配体育用品。（见图2-15）

图 2-15　场景陈列

3. 特写式橱窗布置

特写式橱窗布置是指运用不同的艺术形式和处理方法，在一个橱窗内集中展示某一产品。这类布置适用于新产品、特色商品的广告宣传，主要有以下三种形式：

（1）单一商品特写陈列。在一个橱窗内只陈列一件商品，以重点推销该商品，如当店铺要推出新款时装时，就可将其单独陈列在橱窗中，重点推出，以吸引顾客。

（2）商品模型特写陈列。即采用商品模型代替实物进行陈列。例如，服饰店大多采用实物陈列，如果使用模型陈列，则更能凸显其特色，从而吸引顾客。可将准备放于橱窗的服饰按一定比例缩小，模特的比例也相应缩小，将缩小的服饰陈列于橱窗中，既显得服饰灵秀可爱，又彰显店铺的特色。

（3）季节性橱窗陈列。根据季节变化把应季商品集中进行陈列，例如春夏的衬衫、外套、裙装展示，秋冬的大衣、羊毛衫、呢帽展示。这种手法满足了顾客应季购买的心理特点，有利于扩大销售。但季节性陈列必须在季节到来之前一个月预先陈列出来，向顾客介绍，才能起到应季宣传的作用。（见图2-16）

图 2-16　季节性橱窗陈列

三、陈列色彩搭配

科学家曾就色彩和形体做过一项实验：当人们观察一个物体时，在最初的几秒钟内，人们对色彩的注意度会更高些，而对形体的注意度则相对较低。过了一段时间后，人们对形体和色彩注意度才各占一半。

知识拓展 色彩基础知识

1. 三原色

所谓原色，又称为第一次色，或称为基色，即用以调配其他色彩的基本色。颜料的三原色指：红（品红）、黄（柠檬黄）、青（湖蓝）三色。将不同比例的三原色进行组合，可以调配出丰富多彩的色彩。

2. 色彩三要素

色相：色相是色彩的最大特征，指色彩相貌的名称。如红、橙、黄、绿、青、蓝、紫等。

明度：也称为光度、深浅度。明度是指色彩的明亮程度。如白色和黑色相比，白色的明度比黑色高；淡黄和大红相比，淡黄的明度要比大红高。

纯度：色彩的纯度是指色彩的纯净程度。纯度越高，色彩越鲜艳。

3. 冷色、暖色、中性色

根据色彩给人不同的冷暖感受，把色彩分为冷色、暖色和中性色。

冷色：给人清凉或冰冷感觉的色彩。

暖色：给人温暖或火热感觉的色彩。

中性色：也称无彩色，由黑、白、灰组成。

中性色常常在色彩的搭配中起间隔和调和的作用，在陈列中运用非常广泛。善于运用中性色，将对服装陈列起到事半功倍的效果。

4. 类似色、对比色

根据色彩环上相邻位置的不同，通常可将色彩分为五种：邻近色、类似色、中差色、对比色、互补色。在实际运用中，这些色彩可以分成两大类：类似色和对比色。具体而言，色环中色相间隔不超过60°的色彩组合统称为类似色，色彩间隔超过120°的色彩组合统称为对比色。其中，色彩间隔恰好为180°的色彩组合被称为互补色。

掌握陈列的色彩变化规律以及色彩的搭配特性，可以在卖场中营造丰富的购物气氛，吸引顾客视线，调节顾客购物情绪。

（一）色彩感觉

1. 类似色和对比色感觉

类似色的搭配比较擅长营造柔和、有序、和谐及温馨的氛围。对比色的搭配具有强烈的视觉冲击力，比较容易激发兴奋和刺激感。（见图2-17、图2-18）

2. 冷暖色感觉

暖色系会令人产生热情、明亮、活泼、温暖等感觉。冷色系会令人产生安详、沉静、稳重、消极等感觉。

图 2-17　类似色的搭配

图 2-18　对比色的搭配

3. 纯度感觉

纯度高的色彩显得比较华丽，纯度低的色彩给人柔和、雅致的感觉。（见图 2-19、图 2-20）

图 2-19　纯度高的色彩

图 2-20　纯度低的色彩

4. 明度感觉

明度高的色彩会给人轻松、明快的感觉；明度低的色彩则会令人产生沉稳、稳重的感觉。（见图 2-21）

图 2-21　明度感觉

5. 色彩轻重感

在相同体积情况下，明度高的色彩给人感觉较轻，有膨胀感；明度低的色彩给人感觉

较重，有收缩感。（见图 2-22）

图 2-22 色彩轻重感

6. 色彩的前进感或后退感

色彩明度的差异会让人产生前进或后退的感觉。明度高的色彩有前进感，明度低的色彩有后退感。白色、黄色有前进感，紫色、黑色有后退感。（见图 2-33）

图 2-23 色彩的前进感或后退感

（二）门店色彩的基本陈列方式

门店色彩的陈列方式有很多，这些陈列方式都是根据色彩的基本原理，再结合实际的操作要求变化而成的。其核心在于将千姿百态的色彩根据色彩规律进行规整和统一，使之变得有序列化且主次分明，便于消费者识别与挑选。

1. 对比色搭配法

对比色搭配的特点是色彩对比鲜明、视觉冲击力比较大。因此，这种色彩搭配方法经常在陈列中应用，特别是在橱窗的陈列中。对比色搭配法的应用还可细分为：商品的对比色搭配、商品和背景的对比色搭配。具体而言对比色搭配包括以下几种。

（1）强烈色搭配。强烈色搭配是指两个相隔较远的颜色进行搭配，例如，黄色与紫色、红色与青绿色的组合，这种配色方式比较强烈。（见图 2-24）

图 2-24 强烈色搭配

（2）补色搭配。补色搭配是指两个相对颜色的配合，例如，红与绿、青与橙、黑与白

等，补色相配能形成鲜明的对比，有时会收到较好的效果，黑白搭配是永远的经典。（见图 2-25）

图 2-25　补色搭配

日常生活中，我们常看到的是黑、白、灰与其他颜色的搭配。黑、白、灰为无色系，无论它们与哪种颜色搭配，都不会出现大的问题。一般来说，暗色与白色搭配时，会显得明亮；而与黑色搭配时，就显得昏暗。鲜艳的色彩组合，例如黄色与黑色，是最亮眼的搭配；红色和黑色的搭配，则显得非常隆重又不失韵味。因此，在进行色彩搭配时应先衡量一下，确定要突出的商品。

2. 协调色搭配法

协调色搭配可以进一步细分为以下两种。

（1）同类色搭配。同类色搭配指深浅、明暗不同的两种同类颜色相配，例如，青配天蓝、墨绿配浅绿、咖啡配米色、深红配浅红等。同类色搭配往往给人一种柔和、文雅的感觉，如粉红色系的搭配，让整个人看上去更加柔和。

（2）近似色搭配。近似色搭配指两个比较接近的颜色相配，例如，红色与橙红或紫红相配、黄色与草绿色或橙黄色相配等。不是每个人穿绿色都好看，绿色和嫩黄的搭配带给人一种春天的气息，整体感觉非常素雅且充满淑女气质。（见图 2-26）

图 2-26　近似色搭配

3. 类似色搭配法

类似色搭配能够营造出一种柔和、有序的感觉。在卖场中，类似色搭配的应用分为服装上下装的类似色搭配、服装和背景的类似色搭配。

对比和类似这两种色彩搭配方式在门店色彩规划中是相辅相成的。如果门店中全部采用类似色的搭配，就会显得过于宁静，缺乏动感。反之，过度使用对比色则可能使人感到躁动不安。因此，每个品牌都必须根据自己的品牌文化和顾客的定位选择合适的色彩搭配方案，并规划好两者之间的比例。

4. 明度排列法

明度排列法将色彩按明度深浅的不同依次进行排列，色彩的变化按梯度递进，给人一种宁静、和谐的美感。这种排列法经常在服装侧挂、叠装陈列中使用。明度排列法一般适合于明度上有一定梯度的类似色、临近色等色彩。但如果色彩的明度过于接近，就容易混在一起，反而令人感到没有活力。

明度排列法具体有以下几种方式。

（1）上浅下深。一般来说，人们在视觉上都有一种追求稳定的倾向。因此，门店货架和陈列面的色彩排序，一般都采用上浅下深的明度排列方式。但有时候也采用相反的手法，即上深下浅的方式，以增加卖场的动感。（见图2-27）

（2）左深右浅。实际应用中并不用那么教条，不一定要左深右浅，也可以是左浅右深，关键是一个门店中要有一个统一的序列规范。这种排列方式在侧挂陈列时被大量采用，通常在一个货架中，将一些色彩深浅不一的商品按明度的变化进行有序排列，在视觉上营造出井井有条的感觉。（见图2-28）

图2-27　明度排列法——上浅下深

图2-28　明度排列法——左深右浅

（3）前浅后深。陈列色彩明度的高低能够营造出前进和后退的视觉效果。利用这一色彩规律，我们在陈列中可以将明度高的商品放在前面，明度低的放在后面。而对于整个门店的色彩规划，同样可以将明度低的商品系列放在卖场后部，明度高的商品系列放在卖场的前部，以增加整个卖场的空间感。

5. 彩虹排列法

彩虹排列法就是将商品按色环上的红、橙、黄、绿、青、蓝、紫的顺序进行排列，

其效果类似彩虹，所以也称为彩虹法。这种排列方式给人一种柔和、亲切、和谐的感觉。（见图 2-29）

图 2-29　彩虹排列法

彩虹排列法主要是应用于一些色彩比较丰富的服装展示。不过，除了个别服装品牌，我们很少碰到色彩如此丰富的款式，因此实际应用机会相对比较少。

6.　间隔排列法

间隔排列法又叫琴键色彩陈列，由于其灵活的组合方式以及其适用面广等特点，同时又加上其美学上的效果，使其在服装的陈列中被广泛运用。（见图 2-30、图 2-31）

图 2-30　间隔排列法（一）　　　　　图 2-31　间隔排列法（二）

间隔排列法看似简单，但在实际应用中，服装不仅仅有色彩的变化，还有长短、厚薄、素色和花色的变化，所以必须综合考虑。此外，间隔件数的变化也会使整个陈列面的节奏产生丰富的变化。

我们介绍的是卖场中常规的色彩陈列方法，在实际应用中，必须根据品牌的文化、特性、款式、消费者等诸多因素进行灵活处理。

商品陈列的色彩搭配最高境界是和谐。在卖场中，我们不仅要实现色彩的和谐统一，还要使色彩与卖场中的空间设计、营销手段和导购艺术等诸多元素建立一种和谐互动的关系，这才是商品陈列真正追求的目标。

拓展阅读 淘宝网店装修页面优化的四大窍门

1. 店铺 Logo

为了保证 Logo（标识）在网络传播过程中的有效表达，建议店铺 Logo 单色显示与反白显示时最小尺寸为 50 像素，这个建议也适用于图标、按钮、文本注释等使用小尺寸图标的情况。同时，为防止背景色和标识颜色的混淆和干扰，可以使用主标识的反白效果。

Logo 制作过程中，应避免使用过多的装饰效果（如投影、内发光、斜面与浮雕、图案叠加等），对 Logo 进行拉长、变窄、旋转、扭曲等变形处理也是不允许的。

2. 店铺主色彩不要超过四种

有些店家为了制造更亮丽的色彩，店铺装修的色调竟然达到十多种，颜色太多，就会显得很杂，整体给人的感觉就是乱，没有章法。建议主色调最好不要超过四种，其他细节的配色可以适当增加，但是也要注意，使用的色彩搭配必须看起来协调，不要很突兀，形成太强烈的反差反而会太刺激买家，达不到视觉传播的效果。

3. 店铺文字字体与色彩要相互配合

字体和字体颜色的选取是店铺页面设计的关键要素，必须与店铺主色调相辅相成。如果字体选用黑体，颜色是黑色，这虽然看起来没什么问题，但黑色本身就会给人一种庄重、个性、气势、神秘的感觉，如果大面积使用的话，会让顾客觉得不太友好，所以可以适当转变一下观念，选择一些暖色调来与黑色相搭配。

4. 广告图小试效果

想要做好店铺装修的设计，还离不开广告图的设计。在广告图设计中，色彩和字体的选择是核心。色彩是店铺最主要的装修元素，因为色彩最直接、最快速地影响人的感受，建议多研究流行趋势，了解现在的人群喜欢的字体和颜色，据此确定广告图的设计风格。

任务实施

1. 实施内容

知名门店商品陈列分享会。

2. 实施要求

根据本任务所学知识，走进各种类型的门店、卖场，了解门店的商品陈列设计，分析门店的商品陈列方法、橱窗陈列设计、陈列色彩搭配。

3. 实施步骤

（1）全班同学自由分组，每组 3～5 人；小组选择一个或多个门店、品牌卖场，通过实地走访或互联网搜集资料。

（2）分析该门店在商品陈列方面的设计及创意，对门店色彩的陈列方式进行评价。

（3）以小组为单位进行 PPT 汇报，小组互评，教师点评；全班同学开展交流分享。

任务三　卖场氛围营造

◎ 学习目标

知识目标：

○ 了解卖场照明设计和背景音乐设计的基本知识；

○ 了解卖场气味、通风、温度、湿度基本知识。

能力目标：

○ 能够对卖场的照明设计和背景音乐设计进行评价并提出建议；

○ 能够对卖场的气味、通风、温度、湿度进行评价并提出建议。

素养目标：

○ 能够针对具体的工作任务，有效营造陈列氛围的实践能力；

○ 以顾客为中心，培养敏锐的观察力和创意设计能力。

任务描述

　　小莫通过学习，初步掌握了有关门店布局设计、商品陈列管理方面的知识。他认识到，根据顾客的心理需求营造一个使顾客满意的购物氛围是至关重要的。如何做好卖场氛围营造呢？小莫进入了下一阶段的学习。

知识储备

　　我们已经进入了感性消费的时代，除了商品之外，门店的色彩、灯光、声音、气味、温度等因素，都成为触动购物者神经、影响消费者做出决策的潜在因素。

一、卖场照明设计

（一）商业环境照明分类

1. 自然照明

　　自然照明是指自然光。在白天，如果卖场采光好，会很明亮。这种照明方式既可保持商品的本色，又可降低卖场的费用。有些商品，如服饰或工艺品，比较注重自然色彩，如果采用灯光，有时会导致色彩失真。

2. 灯光照明

　　（1）一般照明。一般照明是一种全面性的基本照明方式，应从门店营业状态、商品内容、门店构成、陈列方式等几个方面着手设计。一般照明要使整个空间光照均匀，明亮程度要适当。照明不仅要考虑水平面照度，也要考虑垂直面照度。尽管追求光照均匀，但是设计时应避免产生平淡感。

　　（2）重点照明。重点照明是突出商品的一种照明方式，它是为了增强对顾客的吸引力而采用的局部性照明。重点照明使商品处在很明亮的环境中，让顾客能够清楚地看到商品，并以定向光表现光泽，突出立体感和质感。（见图 2-32）

图 2-32　重点照明

（3）装饰照明。装饰照明对门店光线没有实质性的作用，主要是为了美化环境、渲染购物气氛，多采用彩灯、壁灯、吊灯、落地灯和霓虹灯等照明设备。它是一种辅助照明，需注意与内部装饰相协调。（见图 2-33）

图 2-33　装饰照明

（二）灯光的照明方式

1. 光源的位置

不同位置的光源对商品所营造的氛围有很大的差别。

（1）从斜上方照射的光。这种光线下的商品，像在阳光下一样，表现出极其自然的氛围。

（2）从正上方照射的光。这种光可营造一种特异的神秘氛围，高档、高价产品用此光源较合适。

（3）从正前方照射的光。此光源不能起到强调商品的作用。

（4）从正后方照射的光。在此光线照射下，商品的轮廓很鲜明，需要强调商品外形时宜采用此种光源，在离橱窗较远的地方也应采用此光源。

（5）从正下方照射的光，能营造成一种紧张、具有危机感的氛围。

在以上不同位置的光源中，最理想的是斜上方和正上方光源。（见图 2-34）

图 2-34　正上方光源

2.　照明方式

根据不同造型及材质的灯具对光线的控制所形成的光照特点，可以把照明方式归纳为以下 4 种类型。

（1）直接照明。所谓直接照明，是指灯具发射光通量的 90% ～ 100% 直接投射于工作面上的照明方式。因此，所使用的灯具必须是定向式照明灯具，才能把大部分光线集中投射到指定的工作面上。直接照明的特点是光效率高，明暗对比强烈，对人的生理和心理都会产生强烈的冲击。因此，直接照明往往用来突出某一部分营业场所和商品，使顾客集中注意力。

（2）间接照明。当灯具直接投射工作面的光线在 10% 以下，而 90% 以上的光线是通过反射间接地作用于工作面，这种照明方式称为间接照明。间接照明的灯具多用不透光材料制作而成。因采用反射光线的方式来达到照明的效果，其工作面上的表面照度要比非工作面上的照度低，故光能消耗较大，工作效率较低，但工作面的光线比较柔和。在门店中，这种照明往往与其他照明方式结合使用。

（3）半直接照明。所谓半直接照明，是指灯具发射光通量的 60% ～ 90% 直接投射于工作面上，其余光线通过反射作用于工作面的照明方式。这种照明方式一般选用半透明的材料来制作灯具，使之可以透过一部分光线投向非工作面。半直接照明方式在满足工作面照度的同时，也能使非工作面得到一定的照明，使光环境明暗对比主次分明又不失柔和。

（4）半间接照明。所谓半间接照明，是指灯具发射光通量的 10% ～ 40% 直接投射于工作面上，剩余光线通过反射间接地作用于工作面的照明方式。这种照明方式与间接照明方式的效果很接近，只是工作面上能够得到更多的照明，并且没有强烈的明暗对比。

3.　整体氛围与重点部位照明设计

（1）整体氛围设计。光源与环境气氛有很大关系。例如，舞厅要求亲切、有一定私密性的气氛，宜采用青灰暗淡的背景灯光，并辅以彩色灯光营造欢快的氛围；快餐厅的顾客更换频繁，因此，应具有较亮的照度，并采用鲜艳或者刺激性的色彩来振奋顾客的精神，用快节奏的音乐加快顾客的就餐节奏。（见图 2-35）

图 2-35　整体氛围设计（一）

而在西餐厅则是另一种环境气氛，暗淡的蜡烛光衬着轻柔的背景音乐，为顾客营造了安静舒适的用餐环境，使他们能够从容享受用餐时光。这种氛围的营造需要综合运用各种物质条件和设计手段，如灯光的配合、材料的运用、空间组合的收放、音响效果的渲染和色彩的陪衬等。（见图 2-36）

图 2-36　整体氛围设计（二）

💬**想一想**

门店卖场的照明有哪些位置需要重点关注呢？

（2）重点部位照明的设计。卖场内的照明度必须要有变化，有些地方亮一点，有些地方暗一点。如果到处都是一样的明亮，难免给人单调的感觉。因此，卖场内依照场所不同，适当分配照明度是很有必要的做法。重点部位的照明设计涵盖入口、橱窗、顶棚、墙面等，而这些设计必须结合卖场的规模、性质、造型特点和销售内容等来确定。

1）入口照明。门店外部照明是吸引顾客的重要一环。店面、店标、店门等部位的入口照明设计，应体现该门店的经营特点，并充分展示其艺术风格。因此，可以在重要的地方设置醒目的和装饰用的灯具，利用彩色灯光及光源进行装饰，并将重点部分，如招牌、标志、名牌等用灯箱的方法来设计，或用自动调光装置使照明不断变化。（见图 2-37）

图 2-37　门店入口照明

2）橱窗照明。橱窗一般用于陈列该门店重点的商品，具有一定代表性，反映着门店销售的商品类型、档次及风格。因此，橱窗的人造光环境应极富变化，并随商品种类、陈设方式及其空间构成的不同而进行调整。通过陈列方式的设计、照明及环境气氛的营造，使顾客对该门店产生良好的印象和兴趣，并引导她们合理消费。为了创造醒目的橱窗照明，可以依靠增加亮度的方法，使商品更显眼。（见图 2-38）

3）顶棚照明。在商业环境中，顶棚设计往往将光源和灯具结合在一起，以达到与建筑及室内环境统一的效果，并维护室内装饰的整体性。同时，由于光源比较隐蔽，可以避免眩光，从而形成良好的光照环境。常见的有发光顶棚与光带、发光灯槽和光栅照明等形式。（见图2-39）

图2-38　橱窗照明

图2-39　顶棚照明

4）墙面照明。墙面可以利用壁灯、发光灯槽或格口照明。格口照明是利用不透光的挡板遮住光源，使墙面或某个装饰立面明亮的照明装置。格口照明可以使墙面具有层次感和通透感，从而改善空间的视觉尺度。同时，还可以强调墙面的装饰，使装饰、壁画、布幅等更加突出，以达到更好的装饰效果。（见图2-40）

图2-40　墙面照明

二、卖场背景音乐设计

（一）背景音乐的重要性

绝大多数顾客都喜欢有背景音乐的商场。但是，背景音乐声音过大、节奏过快等问题，导致很多顾客因为环境过于嘈杂而离开商场，从而放弃消费。尽管很多顾客对一些商场的背景音乐不满意，但事实上，大多数顾客还是希望商场播放音乐。此外，绝大多数顾客认为，商场背景音乐的质量对商场档次、形象有影响。

1. 心理方面的影响

音乐是用旋律书写的作品，表达作者的欢乐、喜悦、彷徨、忧愁、愤怒、激情、沧桑、坚强、希望等情绪。与文字作品不同，音乐具有模糊性和不确定性。音乐更像是一种互动的交流。在心理层次，音乐会引起主管人类情绪和感觉的大脑自主反应，而使得情绪发生改变。

2. 生理方面的影响

从生理作用来说，音乐是一种有规律的声波振动，能协调人体各器官的节奏，激发体内的能力。人的躯体内无处不在进行着振动，例如大脑的电波活动、胃肠的蠕动、心脏的搏动，这些振动都有一定的节律，就像人的生物钟一样是有规律、有节奏的。当音乐的节奏、旋律和人体所感受到的节奏相吻合时，就会产生快感和愉悦感。

议一议

设计卖场背景音乐时需要注意哪些方面呢？

（二）背景音乐设计思路

1. 音乐类型与门店定位的匹配

音乐按照不同的标准有多种分法，背景音乐究竟选择哪一种，必须根据门店定位、目标消费群体的爱好以及经营管理的需要来确定。

时尚以及运动休闲类店铺应以流行且节奏感强的音乐为主；儿童用品店则可以播放一些欢快的儿歌；高档商品卖场为了表现优雅和品位，可选择轻音乐。超市是一个面向各类人群购物的场所，在选择音乐时也要做到很全面，要迎合不同的人群。可以选择播放民族歌曲，民族歌曲最为安全，也最容易让顾客接受，可以避免顾客抱怨卖场音乐庸俗，同时也不会使得卖场的档次降低。

2. 音乐节奏的灵活把握

一般来说，门店播放的音乐以柔和且节奏较慢为好。慢节奏的音乐能够使人放松、沉静，可以使人静下心来轻松购物。因此，在顾客不是很多的情况下，播放慢节奏的音乐可以相对延长顾客在卖场内停留的时间，增加顾客的消费。酒吧或咖啡厅里播放的音乐大多是轻柔、慢节奏的，顾客在这种悠然自得的环境下浅饮低酌，在不知不觉中消费更多。

音乐的节奏对调节客流还有一定的作用。在客流量小的时候，可以播放一些舒缓的古典音乐来留住顾客，聚集人气；而在客流量大的时候，可以选择欢快的音乐促使顾客加快脚步，使得店内的顾客运动起来，缓解客流过于拥挤的问题。

3. 音乐密度的选择

音乐的密度指播放的强度和音量。音乐应交替使用，如果反复播放同一内容，容易使人厌烦和疲劳。应该考虑卖场大小及顾客在其中的停留时间，据此安排音乐播放计划，在顾客停留期间，最好不要重复播放音乐。音乐也要有停止的时间，控制在一个班次播放两个小时左右，特殊情况下可延长。例如，商场热卖期间，客流多，要有热卖的气氛，就可全天播放。

另外，在调节音乐的音量大小时应该注意，音量大可以衬托出热闹的气氛，音量小可以鼓励顾客与销售人员进行互动。因此，当门店需要人气的时候（如商场举办大型活动或遇到节日庆典时），便可以播放稍大音量的音乐。

4. 时段对音乐的影响

背景音乐还需要根据每天的时段如开店前、打烊等进行设计。开店前，先播放几分钟优雅恬静的乐曲；开店时，结合问候语播放一些欢快的歌曲，会使顾客精神为之一振，使得顾客产生购物欲。

门店开始营业之后会有一段客流低潮期，这个时候就应该播放一些舒缓的歌曲留住顾客，效果较好。当员工感到疲劳时，可以播放一些安抚性的轻音乐以缓解压力。在临近营业结束时，播放音乐的次数要频繁一些，乐曲要明快、热情，带有鼓舞色彩，使员工能全神贯注地投入到全天最后也是最繁忙的工作中去，也可以播放一些对顾客有暗示性的音乐，如萨克斯曲《回家》。

三、卖场气味、通风、温度和湿度的设计

（一）卖场气味的设计

1. 卖场外气味

卖场外气味一般包括公路上车辆往来的汽油味、路面的沥青味及相邻卖场的气味等。路面上的味道无法人为地消除，只能尽量避免不要把卖场开得离马路太近，而且要在卖场中适当地使用空气清新剂。相邻卖场的气味会对本卖场的气味产生很大的影响，不良的气味会使人不愉快，与卖场的环境、氛围不协调。

2. 卖场内气味

卖场内的气味对创造最大限度的销售额来说，也是至关重要的。如果这些场所气味异常，那么，商品的销售是不会达到预期的；反之，适宜的气味，会吸引顾客购买商品。人们的嗅觉会对某些气味做出反应，甚至能够仅凭借嗅觉，就可嗅出某些商品的滋味，如巧克力、新鲜面包、橘子、玉米花和咖啡等。

气味对增进人们的愉快心情也是有帮助的。花店中花卉的气味，化妆品柜台的香味，面包店的饼干和糖果味，蜜饯店的奶糖和坚果味，商店礼品部的蜡烛香，皮革制品部的皮革味，烟草部的烟草味，均与各自的商品相得益彰，对促进顾客的购买是有帮助的。总之，要想使卖场内空气清新，就要注意卫生，并配备良好的通风设备。

知识拓展 嗅觉营销塑造品牌精神

感官营销的出现弥补了二维传播手段的不足，除了视觉和听觉外，人类还有触觉、味觉、嗅觉等信息感知方式。研究表明，同时调动人的五种感官，能最大限度地保证接受一件事物。

在人类的所有感官中，嗅觉是最敏感的，也是与记忆和情感联系最密切的。嗅觉是一种凭直觉反应的感觉，不像视觉与听觉，需要借助大脑的理解与分析。科学研究证明，人的鼻子可以记忆高达一万种气味，并且嗅觉记忆的准确度比视觉高一倍；人们回想 1 年前的气味准确度为 65%，然而回忆 3 个月前看过的照片，准确度仅为 50%。

气味营销具有三大优势，包括嗅觉永远开放、具有独特性，以及更具有情感吸引力。我们每天都会接收大量庞杂混乱的视觉和听觉营销信息，而对于气味营销则放松了警惕，通常不会感觉遭遇了"嗅觉轰炸"。

嗅觉也更具情感吸引力，因为我们的嗅觉直接连通人类大脑中情绪和情感的发源地——右脑边缘系统。

（二）卖场通风、温度和湿度设计

1. 通风设计

卖场内顾客流量大，空气极易污浊，为了保证店内空气清新通畅，应采用空气净化措施，加强通风系统的建设。采用自然通风可以节约能源，保证店内适宜的空气质量，一般小型商店多采用这种通风方式。而有条件的现代化大中型商店，在建造之初就普遍配备紫外线灯光杀菌设施和空气调节设备，用来改善门店内部的环境质量，为顾客提供舒适、清洁的购物环境。

2. 温度设计

卖场的温度应遵循舒适性原则，确保冬季温暖而不燥热，夏季凉爽而不骤冷。否则，会对顾客和职员产生不利的影响。如冬季暖气开得很足，顾客从外面进店都穿着厚厚的棉毛衣，在店内待不了几分钟便会感到燥热无比，来不及仔细浏览就匆匆离开门店，这无疑会影响门店销售。夏季空调过冷，顾客从炎热的外部进入门店，会有乍暖还寒的不适应感，抵抗力弱的顾客难免出现伤风感冒的症状。因此，在使用空调时，维持舒适的温度是至关重要的。

3. 湿度设计

卖场空气湿度一般保持在 40% ～ 50%，更适宜保持在 50% ～ 60%，该湿度范围使人感觉比较舒适。但对经营特殊商品的营业场所和库房，则应严格控制环境湿度，严防商品腐坏情况的发生。

卖场的人性化设计！

我们常常说要做有温度的卖场，要提供人性化的服务。有温度的卖场并不是装修要多高端、多漂亮，而是能在用户细节上多一层考虑，提供更多的人性化服务和设计。

有时只是一个小小的改变，就能巧妙地解决购物中最头疼的问题，即使是一件没有生命的物品，都会瞬间变得更加体贴和温暖起来。

1. 导航仪

有时候，我们进入一家大型购物中心，因为看不明白商场的导购平面图，只能围着商场一圈一圈地转，转了半天也没找到想买的商品，只想回家休息。购物车上的导航仪会带你到你想去的地方。是不是很方便？

2. 购物车手机充电器

手机没电是现代生活中最令人担忧的问题之一。四处寻找充电宝或寻找等待充电的地点往往令人烦恼。购物车配备的手机充电器也能帮你解决问题。

3. 购物计算器

只有300块钱的预算，算算如何不超标？购物车计算器也帮你解决了。

4. 水果成熟提示卡

想买香蕉，怕还没吃完就烂了。想叫店员帮忙，他们也没时间理我。水果成熟提示卡轻松就能解决了！

5. 防滑度测试坡

想买双防滑的鞋子，但不知道防滑度到底如何。防滑度测试坡是专门用来测试鞋子的防滑度的。

6. 试衣间挂钩

拿了一大堆喜欢的衣服到试衣间，试来试去有的想买，有的不想买，试完后把衣服堆在一起，又想不起想买哪件了，试衣间挂衣钩可以帮你解决问题。

7. 购物放大镜

老年人看不清商品上的标签。购物车上自带的放大镜，可以方便顾客查看商品标签上的小字。

8. 冬天温度模拟器

商场里的冬天温度模拟器可以测试你想要购买的冬衣的保暖能力。

任务实施

1. 实施内容

知名门店卖场氛围营造分享会。

2. 实施要求

根据本任务所学知识，选择国内或区域内知名门店、卖场开展调研，以实地走访或互联网调研的方式，了解该门店卖场的氛围营造，分析卖场照明设计，背景音乐设计，气味、通风、温度和湿度的设计。

3. 实施步骤

（1）全班同学自由分组，每组 3 ～ 5 人；小组选择一个门店或一个品牌卖场，通过实地走访或互联网搜集资料。

（2）分析该门店在卖场氛围营造方面采取的措施，对其产生的效果进行评价。

（3）以小组为单位进行 PPT 汇报，小组互评，教师点评；全班同学开展交流分享。

项目评价

学习目标	评价项目	自我评价（30%）	组间评价（30%）	教师评价（40%）
专业知识（30分）	了解门店功能区域划分			
	理解卖场主副通道的设计、顾客流动路线设计和磁石点理论			
	熟悉商品陈列原则和陈列方法			
	熟悉橱窗陈列设计和陈列色彩搭配			
	了解卖场照明设计和背景音乐设计的基本知识			
	了解卖场气味、通风、温度、湿度基本知识			
专业能力（40分）	能够利用磁石点理论和顾客流动路线设计的原理配置商品			
	能够对不同性质商品在卖场中的位置进行科学确定			
	能够选择合适的陈列方法进行基础的商品陈列			
	能够运用色彩搭配技巧进行基础的商品陈列			
	能够针对具体的工作任务，有效营造陈列氛围的实践能力			
	能够对卖场的气味、通风、温度、湿度进行评价并提出建议			
职业意识（30分）	以顾客为中心，培养敏锐的观察力和规划设计能力			
	对商品陈列的视觉营销能力，提高表现美、创造美的能力			
	以顾客为中心，培养敏锐的观察力和创意设计能力			
教师建议		评价标准：A：优秀（≥80分）B：良好（70～79分）C：基本掌握（60～69分）D：没有掌握（<60分）		
个人提升方向				

项目练习

一、单项选择题

1. 卖场应按不同的磁石点来配置相应的商品，下面说法不正确的是（   ）。

　　A. 第一磁石点应配置消费量多、消费频度高的商品

　　B. 第二磁石点应配置促销商品、高利润的商品

　　C. 第三磁石点应配置自有品牌的商品、季节商品、购买频率较高的商品

　　D. 第四磁石点应配置热门商品、特意大量陈列商品、广告宣传商品

2. 关于商品陈列的原则，下面说法不正确的是（　　　　）。

　　A. 货架下层不易看清的商品，可以倾斜式陈列

　　B. 关联性商品不应陈列在同一组双面货架的两侧

　　C. 后进的商品先卖出去可以保证商品的新鲜度

　　D. 同类商品垂直陈列可使同类商品均衡享受到货架上各个段位的销售利益

3. 关于商品陈列的方法，下面说法不正确的是（　　　　）。

　　A. 集中陈列法适合周转快的商品

　　B. 整齐陈列法适合超市季节性需求大、顾客购买率高且购买量大的商品

　　C. 比较性陈列都须经过价格、包装、人数的良好规划，才能达到最大效果

　　D. 端头陈列法适合于陈列新商品、特价品、利润高的商品等

4. 关于橱窗展示的分类，下面说法不正确的是（　　　　）。

　　A. 封闭式橱窗的后背被全部封闭，与营业空间隔绝，形成独特的空间

　　B. 封闭式橱窗对限制品牌内部店堂、展示商品视觉效果和吸引顾客具有独特的作用

　　C. 半封闭式橱窗陈列，是橱窗后背与卖场之间采用半通透式的形式

　　D. 半封闭式橱窗应用的范围比较广泛，实施的方法十分灵活

5. 关于陈列色彩知识，下面说法不正确的是（　　　　）。

　　A. 明度高的色彩显得比较华丽，明度低的色彩给人柔和、雅致的感觉

　　B. 中性色常常在色彩的搭配中起间隔和调和的作用，在陈列中运用非常广泛

　　C. 类似色的搭配比较擅长制造柔和、有序、和谐、温馨的感觉

　　D. 对比色的搭配具有强烈的视觉冲击力，比较容易制造兴奋和刺激的感觉

二、多项选择题

1. 从建筑设计的角度来看，门店的功能空间可分为（　　　　）。

　　A. 引导空间　　　　B. 营业空间　　　　C. 店内空间　　　　D. 辅助空间

2. 橱窗展示的手法有（　　　　）。

　　A. 实物性　　　　B. 直接展示　　　　C. 寓意与联想　　　　D. 夸张与幽默

3. 一条好的顾客流动路线应该符合的要求是（　　　　）。

　　A. 充分利用商场空间　　　　　　　　B. 避免出现顾客只能止步往回折的死角

　　C. 采取适当的通道宽度　　　　　　　D. 尽量与商品配置流动线交叉

4. 关于卖场气味的设计，下面说法正确的有（　　　　）。

　　A. 尽量避免卖场离马路太近，而且要在卖场中适当地使用空气清新剂

　　B. 卖场内的气味对创造最大限度的销售额来说，也是至关重要的

　　C. 采用自然通风可以节约能源，保证店内适宜的空气质量，一般小型商店多采用这种通风方式

　　D. 为了保证店内空气清新通畅，应采用空气净化措施，加强通风系统的建设

5. 关于卖场主副通道的设计，下面说法正确的有（　　　　）。

    A. 主副通道要有层次感，要错落有致

    B. 主通道的设计尽量不要出现射线形，避免顾客不停地走回头路

    C. 副通道的设计需要引导顾客继续前行观看产品，并产生购买欲望

    D. 主副通道宽度设计需根据商场的人流量来确定

三、简答题

1. 卖场布局的常见类型有哪几种？

2. 卖场色彩的基本陈列方式有哪几种？

3. 简要说明整体氛围与重点部位照明设计。

4. 简单说明背景音乐设计思路。

5. 简要说明卖场的温度和湿度设计。

項目三

顾客服务管理

项目情境

　　小莫一年前以管培生的身份入职，在门店不同岗位轮岗学习，已经有了一定的工作经验，现在调到了顾客服务中心，负责门店的顾客服务管理工作。小莫认真总结这一年来的工作经历，结合门店特点，他觉得当务之急是要梳理并确定出顾客服务流程，提供优质服务，提高顾客满意度，培养顾客忠诚度。在此基础上，小莫认为当前工作的重点有三个方面：①顾客服务流程规范化；②顾客因商品质量或人员服务等而产生的投诉与退换货处理；③顾客满意度与顾客忠诚度管理。

知识结构

		售前服务
顾客服务管理	专业化顾客服务流程设计	售中服务
		售后服务
	顾客投诉与退换货处理	顾客投诉管理
		退换货处理
	顾客满意度与顾客忠诚度管理	顾客满意度管理
		顾客忠诚度管理

任务一　专业化顾客服务流程设计

学习目标

　　知识目标：

　　○ 掌握售前服务的工作内容；

○ 掌握售中服务的工作内容；
○ 掌握售后服务的工作内容。

能力目标：

○ 能够解决顾客购物过程中的问题；
○ 能够为顾客提供高质量的服务。

素养目标：

○ 具有平和的心态、沉稳的心理素质及大方的言谈举止；
○ 有较好的执行能力，工作认真、细心、负责。

任务描述

小莫来到顾客服务中心，查阅近期的档案材料，结合前期实习阶段的工作经历，发现目前门店的顾客服务流程整体比较好，但是售前、售中和售后的工作区分还存在一些问题，小莫打算把顾客服务流程进行规范化管理。

知识储备

一、售前服务

售前服务是在商品出售以前所进行的各种准备工作，目的是向顾客传递商品信息，引发顾客的购买动机。

1. 营业前准备

营业前准备包括提供商品信息、商品整理编配、商品陈列、货位布局、购物气氛创造等。售前服务的主要目的是协助顾客做好购买规划和需求分析，使得我们的产品能够最大限度地满足用户需要。

2. 提供决策支持

通过售前服务，企业可以了解顾客和竞争对手的情况，从而制定出适当的促销策略。优质的售前服务是产品销售的前提和根底，是提高企业经济效益的关键。加强售前服务可以扩大产品销路，提高企业的竞争能力。企业通过开展售前服务，加强双方的了解，为顾客创造购买产品的条件，顾客也就信任该企业及产品，从而也就愿意购买。如果没有售前服务，企业就会缺乏顾客信息，造成市场信息不完全，企业的经营决策也就不理想，甚至走上相左的路线。

3. 售前引流

通过线上社区、新媒体营销等多种平台，提前进行销售预热，引导顾客进店体验，做到售前引流。

想一想

我们可以通过哪些手段帮助门店在新零售环境下做好售前引流工作？

二、售中服务

在有人员服务的门店中，售中服务表现为售货员在与顾客交易的过程中提供的各种服务，如了解需求、推荐产品、解答疑惑、销售促成等服务。

1. 了解需求

在跟顾客沟通的过程中，积极了解顾客需求，并选择符合顾客需求的商品进行推荐。

2. 推荐产品

结合顾客需求向顾客介绍商品，引导顾客了解商品，针对不同顾客推荐合适的产品，激发顾客的购买欲望，并最终促成购买行为。

3. 解答疑惑

顾客在对商品进行了解的过程中，会存在疑问，门店售货员要能够耐心、细致地进行解答，消除顾客内心的疑虑。

4. 销售促成

门店售货员通过和顾客的交流沟通，传递企业与顾客之间的信息，加深顾客对企业本身及其产品的了解，引导顾客对本企业及产品产生好感、信任和偏爱，从而促进产品销售。

在自助服务门店中，售中服务则表现为提供咨询、结算、包装等服务。

三、售后服务

售后服务是指商品售出后继续为顾客提供的服务。一般来说，门店向顾客交付了商品，顾客向商店支付了金钱，交易就已基本完成。但对于一般的大件商品和高技术含量商品，顾客在购买后遇到商品运送、使用等方面的问题，需要门店提供进一步的服务。这类服务的目的是使顾客对门店感到满意，成为门店的回头客。售后服务包括退换商品、送货、维修、安装、处理投诉及赔偿等。

售后服务是供应商与顾客之间最好的沟通桥梁，所以，售后服务做得如何直接关系到回头客的问题。售后服务大致涵盖以下几点。

（1）购物结束后，首先要咨询顾客对产品的满意度，若有需要及时更正的，就要马上行动，不给顾客留后顾之忧。

（2）定时回访顾客，在回访中若发现问题或顾客有疑问，要立即解决和解答，要与顾客保持良好沟通，让顾客满意。

（3）接到顾客的求助电话后，要立即行动。若确实不能马上到位，也要给顾客一个交代，约好服务时间，以稳定顾客情绪，让顾客有个心理准备。

（4）在为顾客解决问题时，无论是不是自己的责任，都应尽力而为。不是自己的责任范围又解决不了的问题，要及时通知协作单位，不能推脱。

（5）即使所提供商品超过了保修期，也要做到"随叫随到"，若须另外收费，要和顾客讲清楚，不可蒙骗顾客。

（6）及时关注 App 社区反馈和线上社群反馈，了解顾客的使用体验，及时跟顾客沟通，提高顾客满意度。

✅ **任务实施**

1. 实施内容

门店新入职 3 名营业员，目前对顾客服务流程和相关内容还不是很熟悉，需要对他们进行相关培训，帮助他们能够更快更好地开展工作。

2. 实施要求

根据本任务所学知识，帮助新员工学习并掌握售前、售中和售后服务的内容，使他们能够解决顾客购物过程中的问题，为顾客提供高质量的服务。

3. 实施步骤

（1）确定目标。明确本次培训的目标和期望效果，为每一名新入职的营业员制定阶段性目标，按照培训目标开展培训工作。

（2）制订计划。依据培训目标，结合门店工作内容，分阶段制订培训计划，如顾客需求理解、产品知识、沟通技巧、服务意识、问题解决能力等。

（3）员工培训。根据培训计划开展员工培训，帮助员工掌握售前、售中和售后服务的工作内容和注意事项。

（4）建立反馈机制。在培训过程中，新员工逐步开展对客服务，门店及时收集顾客的反馈，对存在的问题及时进行改进。

任务二　顾客投诉与退换货处理

◎ **学习目标**

知识目标：

○ 理解顾客投诉意见的主要类型；
○ 掌握顾客投诉处理的程序和技巧；
○ 掌握退换货处理的原则和流程。

能力目标：

○ 能识别顾客投诉的主要类型和产生原因；
○ 能灵活运用顾客投诉处理的技巧；
○ 能够正确进行退换货处理。

素质目标：

○ 具有爱岗敬业、严谨认真的工作态度；
○ 具有良好的自控与应变能力。

　　小莫通过对历史资料的查阅发现，在解决顾客投诉和退换货处理过程中，标准不一、方法不当，影响了顾客的体验，在一定程度上造成了顾客的流失。他将从哪些方面对顾客投诉和退换货进行有效管理呢？

知识储备

　　当顾客在连锁门店的购物行为无法得到满足或者买到的商品和期望有较大差距的时候，就会产生抱怨、投诉以及对商品的退换要求。作为门店服务人员，要能够冷静接待顾客，正确分析原因，并按照规定做出处理，与顾客建立良好的关系。

一、顾客投诉管理

（一）顾客投诉的类型

对连锁门店而言，顾客投诉的类型主要有以下几种。

1. 商品投诉

商品是满足顾客需要的主体，顾客对商品的投诉主要集中在以下几方面。

（1）质量不良。商品质量问题往往是顾客投诉意见最集中的方面。根据《中华人民共和国产品质量法》的定义，产品缺陷是指产品存在危及人身、他人财产安全的不合理的危险。商品质量问题主要有坏品、过保质期、品质差或不适用等。许多商品的品质往往要打开商品包装使用时才能做出判别。尤其是食品由于储存、陈列不当引起的质量问题较为常见。当顾客打开包装或食用时发现食品品质不好，通常会产生较强烈的反应，意见较大，引起的投诉较多。

（2）价格不合理。门店销售的商品大部分为非独家经营的商品，在互联网时代，顾客对各商家的价格易于做出比较，特别是日用品、食品、生鲜果蔬等顾客经常购买的商品，顾客对商品的价格十分熟悉。顾客对同一种商品在不同零售商之间的价格差异，以及同一零售商的同一商品的价格因季节性因素或促销因素而发生的变动十分敏感，他们往往会因为商品价格过高向门店提出意见。

（3）标识不符。商品标识不符往往会成为顾客购物的障碍，进而成为顾客的投诉重点。顾客对标识不符的投诉主要有以下情形：进口商品未附有中文标识；中文标识上的制造日期与商品上打印的制造日期不符；商品上的价格标签模糊不清楚；商品上有多个价格标签；商品价格标签上的价格与宣传单所列示的价格不符；商品外包装上的说明不清楚，如没有制造日期；其他违反商标法的情形。

（4）商品缺货。顾客对连锁门店商品缺货的投诉，一般集中在热销商品和特价商品，或是门店内没有销售而顾客想要购买的商品，这往往导致顾客空手而归。更有甚者，有些门店时常因为热销商品和特价商品售罄而来不及补货，造成经常性的商品缺货，致使顾客心怀疑惑，产生被欺骗感，进而对该连锁企业失去信心。这样不仅流失了老顾客，而且损害了整个连锁企业的形象。

2. 服务投诉

顾客购买商品时需要门店提供良好的服务，顾客对门店服务的不满，会直接影响商品的销售。

（1）服务人员不专业。营业员接待慢，搞错了接待顺序；缺乏语言技巧，不会打招呼，也不懂得回话；说话没有礼貌，过于随便；说话语气生硬，不会说客套话；不管顾客的反应和需要，无重点地一味加以说明，引起顾客的厌烦和抱怨；商品的相关知识不足，无法满足顾客的询问需求；不愿意让顾客挑选柜台或货架上陈列的精美商品；收银员多收钱款或少找钱；包装作业不当；结账速度慢；紧跟在顾客身后，过于殷勤；不停地劝说顾客购买等。这些服务方式和服务态度上的不妥之处，都会给顾客造成不好的购物体验，引起顾客投诉。

（2）意外事件的发生。顾客在门店购物时，因门店安全管理不当，导致顾客意外受伤而引起投诉，如因地滑而摔倒、因灯光太暗而引发碰撞等。

（3）环境的影响。门店环境设施布局不当也可能引起顾客投诉，如货架高度不当，顾客拿取不方便；停车位少；没有休息的座椅；没有洗手间等。

议一议

大家讨论一下，我们在日常生活中是否遇到过顾客投诉？这些投诉属于哪种类型呢？

（二）顾客投诉处理的程序

1. 保持冷静

（1）就事论事，对事不对人。当顾客对门店的工作人员表达不满和抱怨时，在言语和态度上往往带有一定的情绪，甚至有非理性的行为。这很容易使接待或处理顾客投诉的工作人员觉得顾客是在指责他个人。在情绪的感染下，工作人员也很容易被激怒，从而采取防卫性的行为和态度，甚至不愿面对和处理顾客的投诉。事实上，这是一种最不好的处理方式，因为这样做只会导致彼此更多的情绪反应和紧张气氛。为了缓解顾客的激动情绪，让彼此可以客观地面对问题，工作人员一开始最好保持沉默，用友善的态度请顾客说明事情的原委，并请顾客填写投诉登记表。

（2）充满自信，充分认识自己的角色。每一位处理顾客投诉的工作人员都身兼门店及顾客代表的双重身份。门店要通过工作人员处理各种投诉以满足顾客的需要、为门店带来营业上的利润。同时，顾客也必须通过工作人员来表达自己的意见和维护自己的消费权益。因此，门店的从业人员除了要自觉认识自己的角色外，还必须以自信的态度面对顾客的投诉，让门店和顾客双方都得到最大的利益，而不是以回避的方式来忽略自己的重要性。

2. 有效倾听

（1）让顾客先发泄情绪。若顾客还没有将事情述说完毕就中途打断、进行一些言辞上的辩解，只会刺激对方的情绪。如果能让顾客把要说的话讲完、将要表达的情绪充分发泄出来，往往可以让对方有一种放松的感觉，心情也会平复下来。

（2）善用自己的肢体语言，转化顾客目前的情绪。在倾听时，工作人员应用专注的眼神及间歇地点头表示自己正在仔细倾听，让顾客觉得自己的意见受到了重视。同时，工作人员也可借机观察对方在述说事情时的各种情绪和态度，以决定后续的应对方式。

（3）倾听事情发生的细节，确认问题所在。倾听不仅仅是一种行为，工作人员还必须通过倾听准确了解事情的每个细节，然后确认问题的关键所在，并将问题的重点书面记录下来。不能让顾客有被质问的感觉，应该用委婉的语气请对方提供信息，例如，"很抱歉，有些地方我还不是很了解，能否请您进一步说明关于……的问题？"在对方重新进行说明时，工作人员应随时用"我懂了"来表示对问题的了解情况。

3. 运用同理心

在顾客将事情原委全部述说清楚之后，应用同理心来回应对方。也就是站在顾客的立场，为顾客着想，扮演顾客的支持者，并且让顾客知道工作人员了解整个事情对其产生的影响。例如，当顾客抱怨做菜时才发现肉不新鲜，可以回答对方"我知道那种感觉一定很不舒服"。

4. 表示道歉

不论引起顾客投诉的责任是否归咎于门店，如果能够真诚地向顾客道歉，并感谢顾客提出问题，就会让顾客觉得自己受到了尊重。事实上，从门店的立场来说，如果没有顾客提出投诉，门店的从业人员就不知道在营业上还有哪些地方有待改进。一般来说，顾客愿意向门店提出投诉，说明他们愿意继续光临，并且希望这些问题能够得到解决。因此，任何一个向门店提出投诉的顾客都值得门店向其道歉和表示感谢。

5. 提供解决方案

门店应向所有提出投诉的顾客提供一个解决问题的方案。在提供解决方案时，必须考虑下列几点。

（1）掌握问题的重点，分析投诉事件的严重性。在倾听的过程中，工作人员已经将问题的关键进行了确认，接下来必须判断问题的严重性以及顾客对于门店有何期望，这些都是处理人员在提出解决方案前必须评估的内容。

（2）责任归属。有时候，造成顾客投诉的责任并不在门店，可能由供应商或顾客本人所造成。随着责任归属的不同，解决问题的方式也就不同。

（3）门店既定的投诉处理政策。一般的门店对于顾客服务或投诉都有一定的处理政策，工作人员在提出解决顾客投诉的办法时，不能不考虑门店的既定方针。

（4）处理者的权限。有些顾客投诉可以由服务人员立即处理，有些则必须请管理人员协助，门店应对各级人员处理投诉的权限进行规定。如果接到投诉的服务人员无法为顾客解决问题，就必须尽快找到具有决定权的人员协助，或将问题移交给他人。

（5）让顾客同意提出的解决方案。投诉处理人员提出任何解决办法时，都必须亲切诚恳地与顾客沟通，并获得对方的同意，否则顾客的情绪还是无法平静。若顾客对解决办法还是不满意，就必须确认对方的需求，以便做进一步的修正。

6. 执行解决方案

当双方都同意解决方案之后，就必须立刻执行。如果在自己的权限之内，则应迅速而高效地解决，确保结果令人满意；如果不能当场解决或自己无权单独决定，则应明确告诉顾客事情的原因、处理过程和手续，并告知预计处理时长、经办人员的姓名，同时请顾客留下联络方式，以便事后追踪。

7. 分析结果

（1）分析处理得失。对于每一次顾客投诉的处理，都必须做好完整的书面记录并存档，以便日后查询和定期分析投诉处理的得失。

（2）对店内人员进行宣传、督导，防止日后再发生。所有的顾客投诉事件都应通过固定的渠道（如公布栏、例行早会、动员月会或内部刊物等）在门店内或公司所属的各分店内进行宣传、督导，让工作人员能够迅速消除造成顾客投诉的各种因素，并了解处理投诉事件时应避免的不良影响，以防止类似事件再度发生。

（三）顾客投诉处理的技巧

顾客投诉既可以按照投诉的原因分类，还可以根据投诉的途径分类，门店应掌握针对不同类别投诉的处理技巧。

1. 商品投诉处理技巧

（1）商品质量问题。如果顾客购买的商品发生质量问题，说明门店在质量管理上不过关，遇到这类情况，最基本的处理方法是诚恳地向顾客道歉，并更换质量完好的新商品。如果顾客因为该商品的质量问题而承受了额外的损失，门店要主动地承担起这方面的责任，对顾客的损失包括精神损失都给予适当的赔偿与安慰。在处理结束后，查找该质量存在问题的商品流入顾客手中的原因，采取相应的措施，以避免再次发生类似问题，并向顾客说明情况，增强顾客再次购买本门店商品的信心。将商品的质量问题向供应商反映，要求给予解决或更新，以利于门店的发展。

（2）商品使用不当。如果是因顾客自己使用不当而导致的商品问题，门店员工要意识到，这不仅仅是顾客自身的问题。或者是营业员在销售商品时未向顾客讲清楚注意事项，又或者是营业员出售了不适合顾客使用的商品。属于这类原因的，门店也应该承担一定的责任，一定要向顾客真诚地道歉，并根据具体情况给予顾客适当的赔偿。

2. 服务投诉处理技巧

顾客的投诉有时候是因为门店员工的服务而引起，服务是无形的，不能像商品那样事实明确、责任清晰，只能够依靠顾客与员工双方的叙述来判断。因此，对服务质量问题要明确责任是比较困难的。

（1）处理类似问题时，客服人员首先要明确"顾客至上"这一宗旨，首先听取顾客的不满，向顾客诚恳地道歉，向顾客承诺以后保证不再会发生类似的事件。

（2）必要时与当事人一起向顾客表示歉意，这样做的基本出发点是让顾客发泄自己的不满，使顾客在精神上得到一定的满足，从而赢得顾客对门店的信赖。

（3）事件处理完毕后，门店要对在事件中受到委屈的员工在精神和物质上给予一定的补偿，同时要在处理顾客关系技巧方面对员工进行必要的培训，使企业员工能够在措辞和态度上应对得体，以减少类似投诉的发生。

3. 索赔处理技巧

索赔问题发生时，要迅速、正确地获得有关索赔的信息，尽快确定对策，及时访问经办人，或听其报告有关索赔的对策、处理经过、是否已经解决等。对每类索赔问题，均应制定标准的处理方法（处理规定、手续、形式等）。防止索赔问题的发生才是根本的解决问题之道，不能总是等索赔问题发生后，才去被动地寻找对策。

4. 特殊顾客投诉处理技巧

（1）"别有用心"的顾客。在现实生活中，卖场对这类顾客都感到棘手。这种类型的顾客喜欢抓住卖场的弱点，提出难题，暗中索取金钱或贵重物品。满足此类顾客的无理要求，会令卖场员工的士气大为降低；如果做出激烈的对抗，又会使事态恶化，极大地损害门店的形象。对待此类顾客，门店管理人员及员工一定要保持清醒的头脑和冷静的判断力，利用法律武器保护自己的正当权益。门店方面也要管好自己的言行举止，否则将会给这类顾客留下可乘之机。

（2）挑剔的顾客。这类顾客在心目中已经有了一定的标准，因此常常能看出商品及服务的不足，他们因挑剔而给出的建议通常具有一定的代表性并很有价值，值得门店员工认真研究，从而改进商品和服务质量，做到精益求精。

首先要耐心地听取顾客的意见，弄清他们所期望的服务标准，表示他们的要求门店已给予相当的重视；其次向对方道歉，期望对方继续支持，并赠送小礼物表示感谢，通常挑剔的顾客容易被服务人员的诚挚感动，从而愿意接受其道歉和调解；最后把挑剔的顾客所引出的门店漏洞堵住，以免再次发生类似的顾客投诉，从而维护企业的形象和声誉。

> **练一练**
>
> 在未来的工作中会遇到各种各样的顾客投诉场景。同学们分小组进行角色扮演，分别担任营业员和顾客，运用所学知识对顾客投诉进行正确处理。

二、退换货处理

（一）退换货的处理原则

处理顾客退换货要遵循依法行事的原则，依据《中华人民共和国消费者权益保护法》《中华人民共和国产品质量法》等相关法律法规，对于超出相关法律范围及公司退换货原则的顾客要求，应说服顾客依据法律解决问题。顾客退货应先填写退货登记表，换货应先填写换货登记表。顾客退换货应遵循以下原则。

（1）凡所购商品属国家颁布的《部分商品修理更换退货责任规定》或其他有关商品退换货法规规定的范畴，按国家相关规定执行。对于国家无相关规定的商品，自购物之日起，7天（含7天）内可退货，15天（含15天）内可换同价商品，15天以后不再退换。

（2）以下商品不属于退换货范围：非质量问题的食品、药品、化妆品、卫生清洁用品、内衣内裤、睡衣睡裤、紧身衣、金银珠宝首饰、感光材料、音像制品、精密仪器、儿童玩具、剪裁商品和国家规定的其他产品。因使用不当造成商品失去部分功能、磨损、变形、污渍、附件短少或包装无法复原等影响再次销售的商品。在销售小票、发票上标明了"处理品，不予退换"字样的商品。

（二）退换货的处理流程

商品退换货处理流程（见图3-1）如下。

（1）接待顾客，礼貌询问退换货原因。

（2）确认小票（金额、购买日期、购买地点、数量、款号）。

（3）检查货品有无损坏或污损（无法确定质量问题的，交上级部门鉴定）。

（4）若无异议，递交收银台办理退换货账务手续。若有异议，应详细解释原因并按"三包"原则办理退换货。如换货，则按财务要求更换同等或以上价位的商品；如退货，则须经店长或被授权责任人同意并签字确认。

（5）未能当日解决的，应承诺在特定时间内给予答复，并记录备案。

（6）处理完毕后礼貌送别顾客（根据时机可进行附加推销）。

（7）及时上报上级主管。

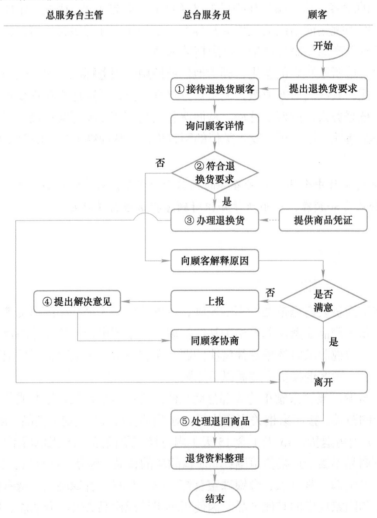

图3-1　商品退换货处理流程

（三）退换货的处理策略

1. 确定退货与更换的标准

门店必须事先确定好有关顾客退货、换货的标准，如果没有退换货标准，不但会造成工作人员莫衷一是的局面，而且也会让顾客对店铺产生不信任的感觉。

2. 巧妙应对退换货理由

随着现在各行业的竞争愈演愈烈，"顾客至上"这句话已经成为宗旨，只要顾客不高兴，什么样的退换货理由商家都能遇到。在面对无理的退换货理由时，商家往往会感到无奈，又不能很痛快地接受顾客的退货请求，这种时候不妨建议顾客更换其他商品。

退货自然是越早越好，如果顾客在购买后不久便要求退货，店方应该欣然接受退货的要求。如果这时候店员不情愿，说话态度不好，结果会使原本心怀内疚的顾客变得愤怒。顾客感到不愉快之后，再也不会来门店购物了。

如果确实不能接受顾客退货，应该一开始就清楚地说明理由。必须非常注意措辞、态度等，绝对不可以破坏对方的心情。如果不得不接受退货，应该一开始就心情愉快地接受，面带微笑地表示同意，并把钱退给顾客。送客的时候应邀请顾客再次光临。

企业案例

【案情简介】

2017年11月6日，浙江省台州市市场监督管理局经济开发区分局消保科接到消费者投诉，投诉方刘女士称其于2017年10月30日在台州市区某百货浪琴专柜购买一只浪琴手表，10月31日手表就出现走时不准慢1h的情况，11月3日手表又出现慢5h的情况。11月5日刘女士前往专柜，经仪器检修，该手表慢90秒（非专业人员检修），投诉方表示确定该手表存有质量问题，且购买时间未满1个星期，要求重新换表，但浪琴专柜人员拒绝重新换表。刘女士于是向消保科进行投诉，希望相关部门能介入协调处理。

【处理过程及结果】

接到投诉后，消保科工作人员联系该百货浪琴专柜人员了解情况。被诉方表示11月5日投诉方带着手表前往专柜，因专柜维修师傅不在，店长便先给投诉方手表做相关检查，发现确有问题。同时告知投诉方自己的检查并不专业，而检测师傅需11月8日后回店里，建议投诉方等到11月8日后过来让专业师傅检测，确认具体原因。但投诉方不同意，要求当场在柜台换货，店长告知投诉方如果不同意可以寄往浪琴公司检测，确认手表是因质量问题或者人为原因造成的慢时情况再做处理（同时店长已经告知投诉方，如果浪琴公司经检测确系质量问题，不是人为原因造成，7天内可以调换），但投诉方仍旧未同意该处理方案。

在消保科工作人员的多次协商调解下，双方最终于11月9日达成调解协议，被诉方浪琴专柜免费帮投诉方刘女士更换一只全新的表头，投诉方表示接受。

【案例评析】

根据《部分商品修理更换退货责任规定》，钟表属三包产品。《钟表商品修理、更换、退货实施细则》第五条规定："钟表属周期性计时仪器，一般正常使用不存在超差问题。由于使用者各不相同，因震动、受磁等外力因素影响，引起快慢误差超过标准，属使用中的正常现象，不属性能故障，可由保修部门给顾客免费调整。如果通过调整仍达不到标准，三包期内应免费检修或者更换有关零件。"第八条规定："性能故障在钟表商品中指机心由于零件制造缺陷，装配质量不高引起的停走、自动失灵、日历、周历不能正常跳动、走时不正常等故障（使用不当造成的零件损坏除外）。由于以上因素造成的性能故障，应予顾客免费检查和更换有关零部件。"

《中华人民共和国消费者权益保护法》（以下简称《消费者权益保护法》）第二十四条规定："经营者提供的商品或者服务不符合质量要求的，消费者可以依照国家规定、当事人约定退货，或者要求经营者履行更换、修理等义务。没有国家规定和当事人约定的，消费者可以自收到商品之日起七日内退货；七日后符合法定解除合同条件的，消费者可以及时退货，不符合法定解除合同条件的，可以要求经营者履行更换、修理等义务。"本案中，经过检测，刘女士购买的手表不到七天，但是走时误差严重，存在一定的质量问题。刘女士在手表出现问题后，也及时和商家进行了联系处理。刘女士手表的误差情况，符合手表三包和《消费者权益保护法》的规定，被诉方有义务给予处理，刘女士要求更换手表的请求也于法有据。

资料来源：中国消费者协会官网"地方亮点"栏目"消费监督"模块，由浙江省台州经济开发区消费者协会提供。

✅ 任务实施

1. 实施内容

新入职的营业员经过前期培训后，已经能够在门店正常开展工作。在顾客服务过程中，有时会遇到顾客退换货以及顾客投诉的问题。面对顾客退换货和投诉时，新入职的营业员不能客观处理，会带入主观意见和感情色彩，甚至激发矛盾，给门店造成损失。请对门店营业员进行顾客投诉与退换货处理方面的正确指导和培训。

2. 实施要求

根据本任务所学知识，引导门店营业员能够有效识别顾客投诉的主要类型和产生原因，能够正确运用顾客投诉处理的方法与技巧巧妙地化解顾客的不满，能够正确应对并解决顾客投诉和退换货问题。

3. 实施步骤

（1）明确顾客投诉的类型。顾客投诉是对商品投诉，还是对服务投诉，抑或是其他类型的投诉。

（2）分析顾客投诉产生的原因。商品质量、商品价格、商品缺货、服务不专业、环境影响、意外事件的发生等。

（3）总结处理顾客投诉的程序，提炼处理顾客投诉的技巧。

（4）总结退换货处理的原则和流程。

任务三　顾客满意度与顾客忠诚度管理

学习目标

知识目标：

○ 理解顾客服务期望和服务感知的内涵；

○ 掌握顾客满意和顾客忠诚的影响因素；

○ 掌握顾客满意度的培养方法；

○ 掌握忠诚度的创建策略。

能力目标：

○ 能够正确分析顾客满意度和顾客忠诚度；

○ 能够培养顾客满意度和顾客忠诚度。

素质目标：

○ 具有较好的判断和把握能力；

○ 具有热情服务、责任担当的服务意识。

任务描述

通过提供优质服务、有效解决顾客投诉、高质量完成退换货处理等工作，小莫发现门店老顾客越来越多，老顾客还会经常介绍亲朋好友来店体验。小莫认为要让顾客有较高的满意度，然后再将顾客满意进一步转化为顾客忠诚，提高门店顾客的满意度和忠诚度。接下来，他将从哪几方面开展工作呢？

知识储备

一、顾客满意度管理

（一）顾客服务的期望与感知

1. 顾客服务期望

顾客服务期望是评估服务绩效的标准和参考点，它通常由顾客认为应该发生或将要发生的事情组成。

2. 顾客服务感知

（1）服务接触。服务接触是指在服务过程中服务企业或员工与顾客发生的接触。服务接触也被称为服务的"真实瞬间"，该词来源于西班牙斗牛术语，用来形容斗牛士在使出撒手锏结束斗争之前面对公牛的瞬间。引入服务领域后，该词主要用来形象地描述服务企业与顾客相互作用的重要性。

（2）服务质量。服务过程的产出质量，是顾客在服务结束后的"所得"，是在服务过程中顾客所体验到的感受。

3. 服务质量差距模型

顾客服务差距是指顾客感知的服务与期望的服务不一致。顾客服务差距是管理者认知差距、服务质量标准差距、服务传递差距、市场沟通差距共同作用的结果。在顾客服务实践过程中，门店应该分析造成顾客服务差距的原因，并提出消除差距的策略，提高服务质量，增强顾客满意度。服务质量差距模型见图3-2。

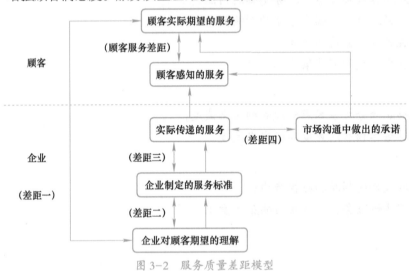

图3-2 服务质量差距模型

差距一：管理者认知差距

管理者认知差距指管理者对顾客期望的理解与顾客实际期望之间的差别。管理者不了解或未能准确地理解顾客期望都会导致这一差距。导致差距的原因主要有：第一，市场研究不充分。市场研究是了解顾客服务期望和感知的主要手段，不充分的市场研究使得企业难以获取顾客期望的准确信息，企业也就无法达到或超越顾客的期望。第二，不注重关系营销。关系营销旨在留住老顾客。如果企业以交易营销为主，注重吸引新顾客，企业就会因为忽略顾客不断变化的需求和期望而失去他们。第三，缺少向上的沟通。一线服务人员与顾客接触较多，对顾客比较了解，如果组织层次过多，管理者和一线服务人员很少沟通或沟通不畅，管理者就很难及时准确地获取有关顾客期望的信息。

差距二：服务质量标准差距

服务质量标准指企业制定的服务标准与所理解的顾客期望之间的差距。引起此差距的主要原因有以下几方面：第一，服务设计不良。企业没有把服务设计与服务定位联系起来，设计比较模糊。第二，缺乏以顾客为导向的标准。有些企业在制定服务标准时仍然以企业为中心，所制定的服务标准没有反映顾客的期望，这样可能会使顾客感知到的服务质量下降。第三，服务流程不合理。服务流程是建立服务体系的过程，更是创造良好顾客体验的过程，如果企业的服务流程设计和管理不当，服务流程向顾客传递的可能就是质量低劣的服务。

差距三：服务传递差距

服务传递差距指企业实际传递的服务与所制定的服务标准之间存在差距。此差距产生的原因很多，主要包括下列几个方面：第一，对服务人员管理不当。第二，顾客未扮演好自己的角色并承担责任。由于服务生产与消费的同步性，许多服务需要顾客参与其中，顾客会通过自身行为对服务传递差距产生影响。第三，服务供给与需求不匹配。服务的无形性与易逝性使得企业缺少储存服务产品的能力，导致企业面临需求过度与需求不足的情况，不能有效地管理服务供给与需求。

差距四：市场沟通差距

市场沟通差距指企业在市场沟通中做出的承诺与实际传递的服务之间的差距。导致差距产生的原因主要有：第一，市场沟通中存在过度承诺。为了吸引顾客，企业有时会在广告中或者人员销售过程中做出一些不切实际的承诺，这些承诺会提高顾客期望，从而使企业实际提供的服务与所承诺的不一致。第二，企业内部水平沟通不足。在企业内部，各个部门之间的职能存在一定的差异，如果部门之间缺乏沟通或沟通不充分，就会造成向顾客宣传的服务与企业实际传递的服务不一致。

（二）顾客满意度的影响因素

1. 产品和服务特性

顾客对产品和服务特性的评价会影响到他的满意度。

2. 顾客情感

顾客以其独特的价值观和生活态度等观察生活、评判事物，由此产生的情感会影响其对服务的满意度。

3. 顾客对消费结果的归因

顾客在体验服务时，对于服务成功或失败等情形可能会寻找原因，即发现导致服务成功或失败的原因所在，这种归因会影响顾客的满意度。如果顾客将服务失败更多地归因于自身的原因，他对服务的不满意感会下降，而相反的情形则会增加他们的不满意感。

4. 对公平或公正的感知

顾客在服务消费过程中常常会考虑是否受到公正的待遇，例如，自己是否也得到与其他顾客相同的服务？是否与其他顾客一样得到平等对待？所得到的服务与花费的钱相比较是否合理？当顾客认为受到了不公平或不公正的待遇时，会感到不满意。

5. 他人的因素

其他顾客、家庭成员或朋友也会影响顾客的满意度。

（三）顾客满意度的培养方法

1. 提供优质的产品和服务

优质的产品和服务能够提升顾客的满意度，比如提供高品质的产品和及时的售后服务等。

2. 建立良好的顾客关系

通过建立良好的顾客关系，比如赠送礼品、优惠券等活动，可以让顾客感受到企业的关心，从而提高顾客满意度。

3. 提供个性化服务

提供个性化的服务，可以更好地满足顾客的需求，从而提高顾客满意度。

4. 改善服务流程

通过改善服务流程，可以更有效地提供服务，让顾客体验到更高效的服务，从而提高顾客满意度。

5. 积极参与社群活动

参与社群活动可以更好地了解顾客的需求，从而更好地满足顾客的需求，提高顾客满意度。

 议一议

在数字化发展趋势下，我们可以通过哪些数字化手段帮助门店进行顾客满意度管理？

二、顾客忠诚度管理

顾客忠诚是指顾客对某一企业或品牌的产品和服务形成偏爱并长期频繁地重复购买的一种心理倾向和行为表现。"忠诚的顾客"具备以下五点特质：有规律地重复购买；愿意购买企业的多种产品和服务；经常向其他人推荐；对竞争对手的拉拢和诱惑具有免疫力；能够忍受企业偶尔出现的失误，不会发生流失和叛离。

（一）顾客忠诚的影响因素

1. 顾客满意

顾客满意就是一个人将对一种产品或服务的可感知效果或结果与自身期望值比较后，所形成的一种失望或愉悦的感觉状态。顾客满意是引起重复购买最重要的因素。当满意度达到某一高度，会引起忠诚度的大幅提高。但现实情况是，满意的顾客不一定忠诚，而不满意的顾客也不见得不会重复购买企业的产品和服务。顾客满意对顾客忠诚的作用并不总是直接的，有很多因素在这两者之间发挥中介作用。因此，顾客满意和顾客忠诚的关系应视其他影响因素如何发生作用而论，具体如下。

（1）其他影响因素不发生作用。在这种情况下，顾客满意和顾客忠诚之间存在着强正相关关系。

（2）其他影响因素发生作用。在这种情况下，顾客忠诚不仅要受顾客满意的影响，还要受以下因素的影响：

1）竞争程度。竞争程度直接关系到产品的替代选择性问题，从而影响顾客忠诚。

2）顾客服务。顾客服务是顾客满意的一个重要因素，服务质量的好坏直接影响企业与顾客的关系，通过提高服务质量争取顾客已经成为企业进行差异化营销的重要手段之一。

3）转换成本。转换成本包括转换前搜寻与评估成本、机会成本、转换后的行为和认知成本、风险成本等。这些成本会给顾客的心理和行为造成不同程度的障碍，从而降低顾客的转换意愿，使顾客保持对原有企业产品和服务的忠诚。

2. 利益相关性

利益相关性是顾客购买决策中对顾客的购买心理产生重要影响的一项因素，影响到顾客对产品信息的搜集及对产品质量的评价，并最终影响顾客对该产品的态度。从产品和服务的角度来说，利益相关性取决于产品的基本特征、产品对顾客的重要程度以及顾客对产品和服务品牌的依赖程度。利益相关性越高，顾客在信息搜集、产品评价及选择上投入与花费的时间和精力也会越多。

3. 关系信任

关系信任是指顾客感知到的与企业之间关系的广度与深度。其中，顾客对企业及员工的信任度和认可度决定着这种关系的特征。顾客可能忠诚于企业，也可能忠诚于企业的员工，二者的最终作用结果是一样的，只是在具体情境中会有所不同。一旦顾客与企业的员工建立了一种信任关系，并在此信任关系的基础上对企业也产生信任，顾客便会倾向于重复购买企业的产品。虽然这种对企业的忠诚是通过顾客对企业员工的忠诚而间接实现的，但最终呈现出来的却是顾客对企业的忠诚。

4. 顾客价值

顾客价值是指顾客期望从自己所购买的商品和服务中所得到的好处和利益，主要包括商品价值、服务价值和形象价值等。顾客价值论认为每一个顾客都会评价商品和服务的价值结构，顾客在购买商品时根据顾客自认为重要的价值因素，如商品的质量、价格、服务、企业形象和对顾客的重视等对商品和服务进行评估，因此要使顾客忠诚必须为顾客提供满足他们需要的价值。企业只有提供超越顾客期望的价值，顾客才会感到愉悦，才会促成忠诚。

企业和顾客之间的关系终究是一种追求各自利益与满足的价值交换关系，所以顾客忠诚实质上是顾客忠诚于企业提供的优质价值，而不是忠诚于企业。在购买过程中，每一个顾客都会综合考虑自己所认为的重要因素，如商品的质量、品牌、顾客服务及企业形象等，对所购买的商品进行权衡，从中选出能给自身带来最大化价值的商品。因此，企业要想让顾客对自己忠诚，必须要为顾客提供满足他们需求的最大化价值。

● **拓展阅读**

私域流量是社交电商领域的高频新概念，区别于传统电商消费流量，是向经营用户的转变。私域流量是指品牌通过自有渠道和资源，吸引和引导用户流量的一种方式。相比于依赖第三方平台的流量，私域流量更加可控和稳定，能够更好地与用户进行互动和建立长期的关系。

私域流量的作用：

1. 提高用户黏性

通过私域流量，品牌可以与用户建立更加紧密的联系，提供个性化的服务和沟通。通过精准的用户分析和营销策略，品牌可以更好地满足用户的需求，增加用户的黏性和忠诚度。

2. 降低用户获取成本

相比于购买广告或者依赖第三方平台的流量，私域流量的获取成本更低。品牌可以通过自己的渠道和资源，如官网、App、社交媒体等，吸引用户流量，减少对广告投放的依赖，降低用户获取成本。

3. 提高品牌溢价能力

通过私域流量，品牌可以与用户建立更加深入的互动和关系，提供独特的价值和体验。这样可以增加用户对品牌的认同和忠诚度，提高品牌的溢价能力，从而获得更高的利润和市场竞争力。

4. 数据积累和洞察

私域流量可以帮助品牌积累大量的用户数据，包括用户行为、偏好、购买习惯等。通过对这些数据的分析和挖掘，品牌可以获得深入的用户洞察优化产品和服务，提升用户体验，实现精细化运营和精准营销。

5. 应对平台变化和风险

依赖第三方平台的流量存在风险，如平台政策变化、竞争加剧等。建立私域流量可以降低对第三方平台的依赖，减少风险，保护品牌的可持续发展。

（二）顾客忠诚度的衡量指标

1. 衡量顾客忠诚的基本指标

顾客忠诚的基本指标主要是反映顾客忠诚状态和行为趋势的指标，通常用以下三个指标来反映顾客的忠诚状态。

（1）再次购买的意向和行动。再次购买意向体现了顾客重复惠顾的可能性。顾客的重复惠顾是企业与顾客之间最直接的忠诚关系的行为表现，对于企业来说，评价和测量顾客的再次购买意向也就显得尤为重要。

知识拓展

复购：消费者第二次及以上购买同一个公司的同一产品。通常情况下，某一产品的复购次数越多，代表该产品销售得越好，越受消费者的喜爱，顾客忠诚度高。

（2）购买企业其他产品或服务的意愿和行动。对企业其他产品或服务的购买意愿是实现可持续忠诚的关键。企业经常用顾客是否愿意购买企业的其他产品或服务这一指标来衡量顾客购买企业产品组合的潜力。通常来说，顾客购买企业的产品和服务类型越多，顾客的忠诚度越高。

（3）顾客推荐意愿和行动。顾客推荐意愿是指顾客愿意将企业或企业的产品和服务推荐给其他人的可能性。从顾客推荐意愿中引申出的是顾客口碑。在互联网信息时代，口碑营销已经成为非常重要的营销方式，其传播力和影响力也越来越大。

2. 衡量顾客忠诚的附加指标

顾客忠诚的附加指标主要是用于描述和评价顾客忠诚程度的表现指标。附加指标可以有很多，通常企业用来衡量顾客忠诚的附加指标有以下5个：顾客份额、有效推荐、关系持续时间、交易频率、累积交易价值。这5个指标中最重要的是顾客份额。顾客份额反映的是一种状态性的顾客忠诚，需要注意的是，顾客份额高并不意味着顾客的忠诚度也高。

3. 衡量顾客忠诚的属性指标

顾客忠诚的属性指标是用来衡量顾客忠诚行为的特性指标，用于辅助判断顾客内在的忠诚程度。

常用的顾客忠诚属性指标包括：顾客的守时性、顾客的特有性、顾客的参与性、顾客的稳定性、顾客的建设性。

（三）顾客忠诚度的创建策略

1. 谨慎寻找目标顾客

并不是所有的顾客都是忠诚顾客，谨慎地选择顾客是成功的基础。在没有锁定目标顾客群的前提下，要想取得顾客的忠诚是很困难的，因此，企业在培养忠诚顾客之前，应该通过对顾客资料和相关情况的分析，寻找那些最具潜力成为忠诚顾客的顾客群体，并将其作为企业忠诚顾客的培养目标。

2. 奉行服务至上的原则

在顾客消费意识抬头的时代，良好的顾客服务是建立顾客忠诚度的最佳方法，包括服务态度、回应顾客需求或申诉的速度、退换货服务等，要让顾客清楚了解服务的内容以及获得服务的途径。如今的顾客变得越来越挑剔，并且在购买了产品后会非常"敏感"，他们在与公司交易时，希望能够获得足够的愉悦，并且能够尽量减少麻烦。当这些顾客获得了良好的顾客服务体验时，他们自然会形成"第二次购买"。因此，企业要想提升顾客体验，必须把与产品相关的服务做到位，然后才是真正的产品销售。

3. 超越顾客的期望

顾客忠诚往往建立在非常满意的基础之上，因此，企业除了满足顾客基本和可预见的期望之外，还应力争在行业"常规"之外给予超出"正常需要"的特色服务或更多选择。向顾客提供其渴望的甚至是意外的、令人惊喜的服务，能够提高顾客满意度，进而提高顾客的忠诚度。

4. 满足个性化的需求

企业必须改变"大众营销"的思路，满足顾客的个性化需求。要做到这一点必须尽量搜集顾客信息。利用各种可以利用的机会来获得更全面的顾客情况，包括分析顾客的语言和行为。如果企业不是持续地了解顾客，或者未能将顾客信息融入具体行动，就不可能利用顾客信息创造引人注目的产品和服务。

5. 妥善处理顾客的投诉

顾客投诉会对企业产生负面影响，但是投诉是难免的。在出现顾客投诉时，企业应认真听取、真诚接受，并全力帮助顾客解决问题。据调查显示，如果企业能妥善处理顾客提出的投诉，可能有70%的顾客会成为回头客；如果能当场听取顾客投诉，并给他们一个满意的答复，回头客率会上升到95%。因此，企业应将妥善处理顾客投诉作为建立顾客忠诚的重要途径之一。

6. 增加顾客的价值转换成本

所谓转换成本，是指顾客从一个服务提供商转到另一个服务提供商所花费的代价。转换成本的内涵丰富，包括适应新产品的学习成本，解除原有协议的成本，丧失原有企业品牌与文化的支持、优质的产品或服务、交叉购买的机会、个性化服务以及体现在原有企业顾客忠诚计划中的利益等的成本。如果转换成本小于转换所带来的收益，则顾客对企业的信任度就低。如果转换成本大于转换所带来的收益，则顾客对企业的信任度可能会高些。顾客转换行为的发生是由于期望某一种行为更能满足自己的期望价值。零售企业应该通过价格优惠、赠送购物卡片等多种形式使顾客感到与另一个零售企业交易需要付出更多的转换成本，从而减少顾客流失，保证顾客对本企业产品或服务的重复购买。

7. 关系联系

（1）财务联系。企业可以通过增加财务方面的利益来增强与顾客的联系。企业可以通过捆绑销售来加强与顾客之间的关系。交叉销售也可以加深企业与顾客之间的关系。尽管这种方法应用较为广泛，企业在应用时还是应该谨慎。这是因为：首先，财务联系易受到竞争者的模仿。其次，采用财务联系未必能建立长期顾客关系。这种方法虽然可以短暂地吸引到新顾客，但并不能引导顾客重复购买，而是会导致顾客无休止地在不同企业之间转换。最后，这种方法通常不能为企业带来长期优势。单纯地向顾客增加经济利益只会给企业带来短期的利润，却无法使企业从长期的市场竞争中胜出。要取得良好的效果，最好是将财务联系和其他联系结合起来使用。

（2）社会联系。这种联系建立在企业和顾客之间的人际关系基础之上。人际关系在服务提供者与顾客之间很常见。当社会联系延伸到顾客间时，如在教育机构、车友会、俱乐部的顾客与顾客之间，这种顾客间良好的人际关系会成为顾客忠诚于企业的重要因素。

8. 转移障碍

转移障碍是制约顾客离开企业的因素，这些因素使顾客不得不与企业维持关系。

（1）顾客惯性。顾客不满意仍与企业打交道的一个原因是转换服务供应商需要改变他们的习惯。

（2）转换成本。转换成本是顾客从一家企业转移到另外一家企业过程中发生的全部成本，包括搜寻成本、建立成本、学习成本和违约成本。这些转换成本涉及时间与精力的投入；此外，还可能带来法律风险或财务损失。顾客在权衡利弊后可能会选择继续与现有企业合作，即使他们对某些方面不太满意。

由于服务独有的特性和购买风险大，与实体商品相比，人们需要更高的搜寻成本才能找到合适的企业。学习成本与人们学习如何使用服务的习性相关，顾客转换服务供应商需要掌握新的知识或技能。如果顾客在与新的服务企业建立关系后又想转换企业，可能要按契约规定交罚款，这时就产生了违约成本。这些成本对顾客的转换行为形成了约束，尤其是当顾客认为变更企业不值得、不划算时，他们仍会与原有企业保持关系。因此，企业可通过调整转换成本来维持或建立与顾客的关系。

知识拓展

裂变营销：裂变营销以传统的终端促销的加强为基础，整合了关系营销、数据库营销和会务营销等新型营销方式的方法和理念。这种裂变模式其实指的是终端市场的裂变，其核心内容是：市场最初不要全面摊开，避免急速发展，而要精耕细作，全力以赴进行单点突破。

✓ 任务实施

1. 实施内容

门店定期进行销售数据统计和顾客满意度调查统计，通过调查统计发现，对门店满意度高的顾客大多是门店老顾客，满意度较低的顾客大多是新顾客，且很少来店二次购买。门店老顾客对门店的商品和服务整体满意度较高，一些老顾客第一次来店购物也是被亲朋好友推荐来的，第一次来购物的时候比较满意，逐渐形成顾客忠诚，并且也会向身边的亲朋好友推荐来店体验。由此可见，顾客满意度和顾客忠诚度对门店来说至关重要。请帮助门店营业员对顾客满意度和顾客忠诚度进行管理。

2. 实施要求

根据本任务所学知识，能够理解顾客服务期望和服务感知，正确分析顾客满意度和顾客忠诚度，并能够具备培养顾客满意度和创建顾客忠诚度的能力。

3. 实施步骤

（1）了解顾客期望与感知。

（2）分析如何培养顾客满意度。

（3）分析影响顾客忠诚度的因素。

（4）总结顾客忠诚度的创建策略。

项目评价

项目评价表

学习目标	评价项目	自我评价（30%）	组间评价（30%）	教师评价（40%）
专业知识（30分）	掌握售前、售中、售后服务的工作内容			
	理解顾客投诉意见的主要类型及处理投诉的程序和技巧			
	掌握退换货处理的原则和流程			
	理解顾客服务期望和服务感知的内涵			
	掌握顾客满意和顾客忠诚的影响因素			
	掌握顾客满意度的培养方法和忠诚度的创建策略			
专业能力（40分）	能够解决顾客购物过程中的问题并为顾客提供高质量的服务			
	能识别顾客投诉的主要类型和产生原因			
	能灵活运用顾客投诉处理的方法与技巧			
	能够正确分析顾客满意度和顾客忠诚度			
	能够培养顾客满意度和顾客忠诚度			
职业意识（30分）	具有平和的心态、沉稳的心理素质及大方的言谈举止			
	具有较好的执行能力，工作认真、细心、负责			
	具有爱岗敬业、严谨认真的工作态度			
	具有较好的判断和把握能力			
	具有热情服务、责任担当的服务意识			
教师建议		评价标准：A：优秀（≥80分）B：良好（70～79分）C：基本掌握（60～69分）D：没有掌握（<60分）		
个人提升方向				

项目练习

一、单项选择题

1. 下列不属于售中服务范畴的一项是（   ）。

    A. 销售促成　　　B. 解答疑惑　　　C. 推荐产品　　　D. 平台引流

2. 张女士在门店购物过程中，因门店工作人员拒绝将货架上陈列的商品让她挑选而进行投诉，张女士的投诉属于（   ）。

    A. 商品投诉　　　B. 场地投诉　　　C. 价格投诉　　　D. 服务投诉

3. 对于服务企业来说，顾客的（   ）是评估服务绩效的标准和参考点。

    A. 服务期望　　　B. 感知　　　C. 满意度　　　D. 评价

4. 在处理顾客投诉过程中，在顾客将事情原委全部述说清楚之后，应用（　　　）来回应对方。

    A. 同情心　　　　　　B. 同理心　　　　　　C. 公司规定　　　　D. 社会公德

5. 顾客忠诚的（　　　）是用来衡量顾客忠诚行为的特性指标，用于辅助判断顾客内在的忠诚程度。

    A. 属性指标　　　　　B. 基本指标　　　　　C. 附加指标　　　　D. 关键指标

二、多项选择题

1. 售前服务的工作内容主要包括（　　　　）。

    A. 营业前准备　　　B. 提供决策支持　　　C. 推荐商品　　　　D. 售前引流

2. 商品投诉主要包括（　　　　）。

    A. 质量不良　　　　B. 价格不合理　　　　C. 标识不符　　　　D. 商品缺货

3. 有效的倾听技巧和恰当的肢体语言可以表示出工作人员对问题的重视程度，为了让顾客心平气和，门店工作人员在有效倾听方面应注意（　　　　）。

    A. 让顾客先发泄情绪

    B. 用自己的肢体语言，转化顾客目前的情绪

    C. 倾听事情发生的细节

    D. 可以直接打断顾客描述

4. 顾客忠诚能给企业带来的好处包括（　　　　）。

    A. 增加收入　　　　B. 降低成本　　　　　C. 树立形象　　　　D. 推出新品

5. 顾客价值是指顾客期望从自己所购买的产品和服务中所得到的好处和利益，主要包括（　　　　）。

    A. 产品价值　　　　B. 服务价值　　　　　C. 形象价值　　　　D. 使用价值

三、简答题

1. 顾客对商品的投诉有哪几种类型？

2. 顾客投诉处理有哪些程序？

3. 顾客满意的影响因素有哪些？

4. 顾客忠诚的影响因素有哪些？

5. 顾客忠诚度的创建策略有哪些？

项目情境

　　小莫入职企业已经一年，对企业的经营流程、门店环境有了一定的了解。根据店长成长发展计划，他即将进入企业的便利店，学习门店商品管理的相关知识。门店的店长要求小莫定期为门店订货，保证门店正常运行，但是门店需要预订什么样的货品？以什么样的频率进行订货？订货的渠道和方式如何确定？对于这些问题，小莫都感到困惑。门店有大量的生鲜类商品，生鲜商品普遍保质期较短，如果对该类商品盘点不及时，可能会给消费者和门店造成损失。应该如何管理门店的商品库存？怎样进行有效的商品盘点？这些问题让刚刚进入门店工作的小莫感到一头雾水。

　　门店商品管理作为门店运营的核心任务之一，直接影响门店的盈利水平。门店商品定位、门店商品订货管理以及门店商品库存管理是门店商品管理的主要内容。门店店员应重视岗位职责并牢固树立商品质量安全意识。下面让我们和小莫一起学习本项目内容，提高门店商品管理的能力。

知识结构

门店商品管理	门店商品定位	门店业态及商品规划
		商品定位
		门店商品组合
		商品结构调整
	门店商品订货管理	门店商品订货
		门店商品要货
		门店商品收货
	门店商品库存管理	库存管理方法
		门店商品盘点
		门店商品库存常见问题

任务一　门店商品定位

学习目标

知识目标：
- 了解门店的业态及不同业态内的商品规划；
- 了解门店商品的常见组合模式；
- 掌握商品定位的概念；
- 理解商品定位的作用。

能力目标：
- 能根据商品分类的方法对便利店商品进行分类；
- 能够针对不同业态、不同商圈的门店进行商品定位；
- 能够结合门店实际运营情况进行商品结构调整。

素养目标：
- 具有创新和实践的勇气与积极性；
- 具有爱岗敬业、严谨认真的工作态度。

任务描述

小莫任职的便利店位于城市CBD，他发现门店中的商品和自己家附近便利店中的商品类型有一些区别。如何针对该便利店进行商品定位？如何针对便利店所在的商圈为门店选择不同商品？小莫决定首先研究这两个问题。

知识储备

在消费需求及政策引导的双向助推下，我国便利店行业稳健增长，对比发达国家便利店覆盖率，仍有可观的市场潜力尚待挖掘，稳步向"小门店、大连锁"迈进。但在"强竞争、大纵深、多需求"的国内市场，便利店企业易造成"连而不锁"的局面，并面临两大核心挑战，即运营成本瓶颈尚待突破和服务体验差异仍需加强。

便利店企业正面临快速规模化扩张，寄希望于将成熟市场的成功模式快速复制到新店。为了避免"千店一面"，需要进一步提升便利食品和日用品的选品，特别是提升便民服务与店内体验的竞争力。

一、门店业态及商品规划

门店业态及商品规划是指对门店经营的业态和商品进行合理规划和布局，以满足消费者需求，提高销售额和盈利能力。门店的商品管理，首先要基于门店所处的业态，不同业态下的门店，商品规划会呈现明显区别。

根据项目一中的内容，零售业态分为有店铺零售和无店铺零售两大类，其中有店铺零售还可细分为便利店、超市、折扣店、仓储会员店、百货店、购物中心、专业店、品牌专卖店、集合店、无人值守商店。

无论哪一种业态，都会对其门店内商品的规划、选择起着决定性的作用。

1. 业态决定商品规划

门店的业态决定了其经营的商品的规划。例如，国内仓储会员制超市内的商品主要是为了满足城市中产阶级的需求，而普通社区超市内的商品主要是为了满足其辐射区域内居民的基本生活物资需求。

2. 业态特点通过商品规划来反映

商品规划能够反映门店的业态特点和差异化。例如，精品百货店注重的是提供高品质的购物体验和舒适的环境，其商品规划就会注重商品的品牌和品质，以及与之相匹配的装修、陈列。

3. 业态与商品的一致性

为了保持门店的品牌形象和一致性，门店业态和商品规划应保持一致。例如，购物中心可以提供全方位的购物体验和便利，那么其商品规划应该包含各种品类的商品，以满足消费者的多样化需求。

4. 业态对商品的需求影响

不同的业态对商品的需求和销售形式有着不同的影响。例如，品牌折扣店可以提供低价的购物体验，那么其商品规划时会注重商品的极致性价比和高折扣，而不适合销售高价商品。

门店的业态与商品规划紧密相关。业态决定了门店经营模式和定位，从而影响商品的选择、定位和销售形式。

想一想

> 基于门店所在的业态特点，你认为小莫任职的便利店会销售哪些商品呢？

二、商品定位

基于门店业态，可以初步进行门店的商品规划，但如果想要更好地提高销售额，提高顾客忠诚度，还需要明确门店的商品定位。连锁门店的商品定位是指通过明确商品定位，确定门店的产品特色和目标市场，以满足消费者的需求和提供差异化的产品。

商品是连锁业者获利的主要来源，要想在竞争市场中脱颖而出，离不开合理的商品定位及适当的商品组织。门店首先必须确定所处商圈的顾客群，深入了解消费变化趋势，适当予以调整，使消费者充分满足，进而产生忠诚，达到销售的最终目的。商品定位对门店的作用主要体现在明确市场定位、实施差异化竞争、有助于品牌建设几个方面。

门店商品定位不仅要考虑门店的业态，还要将门店所处的商圈特点考虑在内，不同商圈主要在居住人口、消费者收入水平、商业环境和竞争格局、地理位置和交通特征、文化和生活方式、商圈的地理位置、消费习惯和需求几个方面影响门店的商品定位。其中，针对商业环境而言，不同商圈的商业类型和规模差异巨大，有些商圈以购物中心为主，而另一些则以小型零售店为主。了解商业环境对于制定合适的产品和服务策略至关重要；分析竞争者的数量、品牌、定位以及优势、劣势，也有助于制定产品差异化策略。

想一想

结合生活中的例子，思考一下门店的地理位置和交通特征对商品的选择有怎样的影响。

设计问卷进行商圈调研是了解顾客特殊性的有效方法。设计问卷时应确保问题清晰、简洁，避免主观假设，并充分考虑受访者的隐私和敏感性。在实施调研时，采用多样的调查方法，如面对面访谈、电话访问或在线调查，以确保样本的代表性。最终，通过分析问卷数据，商家可以更好地了解顾客的特殊性，有针对性地优化商圈运营策略。当下，连锁门店倾向于使用网络问卷这种省时、经济的形式进行调研。

知识拓展

对于便利店，可以通过以下问题设计来获取关于顾客特殊性的深入信息：
（1）背景信息：居住地区、年龄和性别、职业和工作性质。
（2）购物行为：购物频率、购物目的、购物时段。
（3）消费习惯和偏好：消费预算、商品偏好、促销和折扣关注度。
（4）顾客体验：对商圈的评价、意见和建议。
（5）特殊需求和期望：特殊服务需求、期望改进的方面。
（6）社交互动：社交活动、社交媒体使用。

议一议

位于 CBD 的便利店和住宅区的便利店顾客有何不同？商品结构应该如何微调？可从顾客特征差异和商品结构差异两方面进行分析。

在了解了门店所处的业态及商圈后，小莫对于任职的便利门店的商品选择，有了初步的了解。但对于商品如何进行组合以及对商品如何管理，小莫仍然有疑惑。

三、门店商品组合

1. 商品组合

门店中的商品并不是独立存在的，商品间的相互关联可以成为门店促进销售的利器。门店中的管理人员根据市场特点和门店的经营目标选择适合的组合方式，挖掘有效的商品组合，让商品发挥 1+1>2 的效果。符合当前市场特点的组合模式主要有以下几种。

（1）市场应变组合模式。根据时下热门的商品和消费趋势进行组合，以迅速满足顾客需求并提高销售。

（2）营销目标组合模式。根据销售额、利润率、市场份额等指标选择合适的商品组合，以达到营销目标。

（3）系统完善组合模式。通过合理划分商品类别、优化供应链管理等方式建立一个有机、高效的商品组合体系。

（4）品牌形象化组合模式。选择与品牌形象相符合的商品组合，以增强品牌内涵和提升顾客认知度。

（5）消费导向组合模式。根据顾客的购买行为和偏好选择适合的商品组合，提供个性化的购物体验。

（6）产品创新组合模式。引入新品类、新品牌或创新的产品，以吸引顾客并创造竞争优势。

商品组合一般是一组相关的产品，如便利门店的礼品套装、套餐优惠、配套销售的产品等。这些商品在销售时作为一个整体呈现给顾客，通常通过提供一定的折扣或附加价值的方式来吸引顾客购买。其目的是通过提供多样化的选择，增加交叉销售机会，提高销售额。这有助于提高顾客购物时的便利性和购买的吸引力。

便利门店中的优惠套餐（如买一送一、搭配销售的产品组合）、电子产品套餐（如手机与配件的组合）等都属于商品组合。

思考

你经常光顾的便利店有哪些商品组合模式？

2. 商品品类管理

一家 $100m^2$ 的社区便利店往往能涵盖生活中的大部分用品，其中包含百余种商品。在明确门店的商品组合后，更好地管理不同类别的商品将对商品组合有效发挥以及商品质量管理、数量管理有着重要意义。

门店商品分类是指按照一定目的，为满足某种需要选择适当的分类标志和特征，将商品集合总体科学地、系统地逐次划分为不同类别和组别的过程。门店商品的分类标准主要有商品来源、销售方式、处理方式、陈列方式、成分、功能、生产方式、运输方式、用途。

门店的商品分类标准有多种，对于便利超市而言，目前主要以大分类、中分类、小分类和单品来组织商品的分类。

（1）大分类。大分类是对商品进行最宽泛的分类，通常基于商品的功能或用途。大分类可以根据不同便利门店的实际情况进行划分，例如食品、家居用品、个人护理品等。

（2）中分类。中分类是在大分类的基础上，对商品进行进一步的细分。中分类可以根据商品的特性、种类或市场需求进行划分，以更好地组织和管理商品。例如，在食品大分类中，可以设立中分类，如熟食、水果、饮料等。

（3）小分类。小分类是在中分类的基础上，对商品进行更具体的细分。小分类可以基于商品的品种、品牌或规格进行划分，以便更好地展示和销售商品。例如，在熟食中分类中，可以设立小分类，如肉类、海鲜、熟食盒餐等。

（4）单品。单品是指具体的商品或产品。单品是对商品进行最具体的分类，以识别和售卖单个商品。这可以涵盖特定的品牌、规格和包装等。例如，在饮料小分类中，可以列举单品，如某品牌冰红茶、某品牌矿泉水、某品牌汽水等。

通过综合分类标准，便利门店可以更好地组织和管理商品，提供良好的购物体验和准确的商品寻找服务。同时，这种分类也有助于便利门店进行库存管理、制定定价策略和开展促销活动。

小米公司门店 AI 选品

货店匹配是提升门店经营效率的核心。小米智能选品是基于门店 10km 范围内小米用户的购物行为，定位门店货品流量款、利润款、收入款及主推款，再结合门店自身的标签，比如社区店、通信街等进行这些商品权重计算，得出一家门店的选品池。总的来说，是让用户需求来驱动品类结构，洞察到未能满足的用户需求。

通过使用 AI 选品，门店大幅改善了库存结构，提升了周转率。相关门店将进一步升级为基于用户需求驱动的供给，通过大数据指导门店货品结构的选择。

四、商品结构调整

门店在选择商品组合并开业后，其内部的商品结构仍然会持续发生变化。例如，同一家便利门店在不同季节会对商品结构进行细微调整，这背后反映的就是门店商品结构调整的灵活度。

连锁门店在经营过程中遵循 3S 原则，实施标准化，但在实际运营中，门店可以根据开业后的实际销售数据、顾客需求的变化，对商品结构进行及时调整，以更好地达到经营目标。

想一想

随着社区环境的变化，社区超市门店销售额出现下滑，客流量明显减少。工作人员经过调查发现，社区旁新增地铁站点，导致社区内的居住人口发生变化。老年人逐步搬离该社区，大量年轻人开始入住该社区。

如果你是该门店店长，你会如何调整商品结构以提高门店销售额呢？

门店销售数据可以直观地反映门店商品结构的合理性。当出现明显的销售数据波动时，门店商品管理人员要了解并分析原因，及时做出相应的结构调整决策。例如，下架销售额欠佳的商品，选择更符合门店顾客需求的商品；对商品开展促销活动，将爆款商品与之组合等。同一品牌的门店处于同一类型商圈时，商品结构也并不完全相同。例如，同样是社区内的便利店，社区内的顾客年龄段不同时，商品结构必须要做出细微的调整。针对年轻人较多的社区，可以增加速食类商品、生鲜食品的种类，将生鲜食品和健康食品放置在显眼的位置，通过合理的陈列和搭配，提高产品吸引力和购买率。对于老年人较多的社区，可以将性价比较高的日常生活用品和家居用品放置在易于购买的位置，便于顾客购买。

对于具有季节性的商品而言，及时调整商品组合更有利于门店整体业绩的提升。例如，春节期间走亲访友是中国的传统习俗。春节期间，整箱牛奶、红包、坚果类礼盒等，都是便利门店的畅销商品。对于这类季节性商品，门店要适时增加商品占比，将商品放置在显眼的位置，搭配商品组合，有效抓住销售红利。

✓ 任务实施

1. 实施内容

调研周围连锁便利门店中的商品定位选择。

2. 实施要求

根据本任务所学知识，选择周围的连锁便利门店开展调研，以实地走访或互联网调研的方式，了解不同连锁便利门店在实际运营中的不同商品定位选择。

3. 实施步骤

（1）全班同学自由分组，每组 3 ～ 5 人；小组选择 2 ～ 3 个学校或家周围的连锁便利门店，通过实地走访或互联网搜集资料。

（2）比较分析调研的连锁门店商品定位有何不同，分析其商品选择是否合理。

（3）以小组为单位进行 PPT 汇报，小组互评，教师点评；全班同学开展交流分享。

任务二　门店商品订货管理

◎ 学习目标

知识目标：

○ 了解门店商品订货概念；

○ 掌握门店订货的方式。

○ 掌握门店订货、要货、收货等流程和方法；

能力目标：

○ 能完成门店商品订货、要货、收货基本作业。

素养目标：

○ 具备细致的工作态度和对门店工作岗位的责任心；

○ 具备精益求精的工匠精神。

📖 任务描述

小莫已经了解了便利门店商品的结构标准，并能够依据门店商品种类选择的原则与方法对门店的商品组合进行调整。在了解门店商品定位后，小莫需要通过订货、收货、补货等进一步实现门店商品管理工作。小莫开始思考：在商品订货管理中有哪些需要注意的地方呢？

📋 **知识储备**

一、门店商品订货

（一）门店商品订货的概念

门店商品订货就是门店根据销售情况、库存状况和顾客需求等因素，向供应商或分销商下订单购买商品的行为。门店商品订货是满足门店商品销售的基础之一。

（二）门店订货方式

每个连锁企业采用的订货方式并不完全相同，目前采用的门店订货方式主要有以下几种。

（1）计划性订货。根据以往销售对未来要货量做出预估计划。确定订货量要考虑的因素有门店管理数据、节假日及门店环境因素、门店促销活动、企业物流安排及生产排班要求等。

（2）门店调拨。当计划订货量不能满足当日销售时，可采取门店就近调拨的策略，以保证当日销售不受影响。

（3）非销售品订货。主要针对门店的半成品、原辅料、包装物品、清洁用品等制订订货计划，一般是根据门店用量情况、到货周期及仓库情况确定需求量。

（4）补充式订货。销售量超过预期时，应及时调整生产并调配货源，补齐当期缺货及可能出现的销售增加量。补充式订货大多数适用于周边配货，特别是门店与工厂距离较近、工厂生产排班较多等情况。

（5）顾客自主线上下单订货：在线上线下全渠道零售的大环境下，当顾客在线下门店发现缺货时，可以自主在小程序下单；智慧订货系统将顾客的线上订单直接导入门店订货流程中，确保商品直接配送到相关门店（见图4-1）。

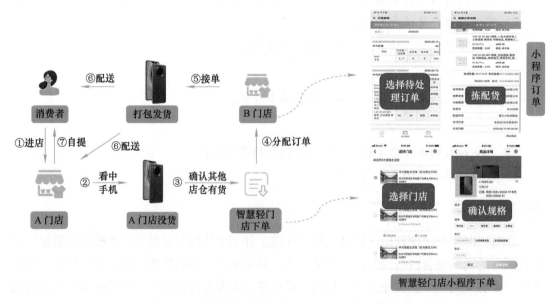

图 4-1　某门店小程序顾客自主线上下单订货程序

元初食品——生鲜智能订货系统

在引入生鲜智能订货系统之前，元初食品门店下单面临着一系列问题。首先，门店员工手工下单仅仅凭借经验，容易导致订单不准确和混淆，从而经常存在短缺或过剩的情况。其次，由于订单数据难以迅速整合和分析，门店在制订订货计划和战略决策时缺乏可靠的数据支持。此外，传统的下单方式耗时耗力，严重影响到门店员工的工作效率。

仓库方面的困扰也很多，如邮件收发确认供应商订单效率低下，表格模板不一致导致入库错乱风险；需要专职人员全天负责汇总送货单数据；生鲜数据分货未纳入系统，导致漏入库事件频发；夜班数据人员80%的时间用于手工整合数据，表格公式多导致出错风险增加且复核困难，Excel表格已经无法进行拓展；招聘符合要求的夜班人员较困难。

为解决目前门店订货实际存在的困难，企业决定引入生鲜智能订货系统。经过需求调研、分析、产品规划以及订货系统的定制化开发，再配合数据迁移与培训，系统最终成功上线并不断优化。

生鲜智能订货系统上线后，元初食品门店经营获得了极大的改善：①订单准确性提升：门店员工可以更迅速地浏览产品、下单。②节约门店订货时间，由原来的每天2h缩短至10min。③库存优化：系统可以根据商品库存自动下单，超库存提报的数据可以提供给品类经理定期复盘，同时也可作为采购部门向供应商下单的重要依据。④业务增长，生鲜品销售业绩提升10%。⑤降低仓库作业成本，人力开销节约高达80%。

（三）门店订货流程

不同门店的订货流程大致相同，随着现代信息技术的发展，传统的订货手段正逐步被新手段、新设备替代。下面以配备配送中心的便利超市为例，介绍常见的门店订货流程。

便利门店由配送中心送货的订货流程涉及多个环节，旨在确保商品供应的及时性和准确性。门店订货流程见图4-2。

图4-2　门店订货流程

1. 需求预测和库存管理

在订货流程开始之前，配送中心需要通过需求预测和库存管理系统来了解各个便利门店的需求和库存情况，包括分析门店销售历史、季节性变化、促销活动等因素。

2. 订货计划制订

基于需求预测和库存管理的结果，配送中心制订订货计划，明确每个便利门店需要订购的商品种类、数量以及订货的时间。部分门店仍然依照门店管理人员的丰富经验完成订货。

3. 订货生成

根据订货计划，配送中心生成具体的订货单。订货单包含门店的信息、商品的详细信息、订购数量等内容，为后续的发货做好准备。

4. 订单处理和拣货

配送中心进行订单处理，将订单发送给仓库。仓库工作人员根据订单进行拣货，选择所需商品进行包装，并准备发货。

5. 路线规划和运输安排

在商品准备好后，配送中心进行路线规划和运输安排，包括优化配送路线，确保货物能够高效地送达各个便利门店。

6. 商品配送

货物按照规划好的路线送达各个便利门店。在配送过程中，配送中心可能使用物流追踪系统，实时监控货物的位置和状态。

7. 门店验收和入库

门店收到商品后进行验收，确保收到的商品与订货单一致。验收合格后，商品被入库，并更新门店的库存管理系统。

8. 库存调整

如果门店在验收过程中发现异常（如短缺、损坏等），需要及时进行库存调整，并通知配送中心进行处理。

9. 数据反馈和优化

门店在销售商品的同时，将销售和库存数据反馈给配送中心。这些数据用于优化订货流程，提高供应链的效率。

通过这个流程，便利门店能够确保从配送中心获取及时、准确的商品供应，而配送中心也可以通过持续优化流程提高效率，满足门店的需求。这种由配送中心送货的订货流程有助于降低门店的库存风险。

> **练一练**
>
> **访问你家附近的便利店，记录他们的订货流程。**

（四）门店订货的计算

在掌握门店订货流程后，接下来需要确定门店订货的数量。订货数量的确定主要有以下几种方法。

1. 一般商品订货量计算公式

针对不同类型的商品，其订货管理的方法不同。对于便利店的一般商品，其订货量计算公式为

$$建议订货量 =（订货频率 + 供应商交货期）× 日均销售量 +$$
$$最大货架储存量 ×1/2 - 已订数量 - 库存数量$$

思考

假设某便利门店某种商品的订货频率为一周一次，供应商交货期为2天，日均销售量为20个，最大货架储存量为100个。当前已经有30个商品在途（已经下单但尚未到货），库存数量为50个。请计算建议订货量。

参考答案：

建议订货量＝（订货频率＋供应商交货期）×日均销售量＋最大货架储存量×1/2－已订数量－库存数量

将具体数值带入公式得

建议订货量＝（7天＋2天）×20个＋100个×1/2－30个－50个＝150个

2. 促销商品计货量计算公式

促销商品需要增加订单量，以确保促销商品的顺利销售。其订货量计算公式为

正常促销商品订货量＝正常订货量×1.5

惊爆商品订货量＝正常订货量×3

思考

假设某便利门店销售某种正常商品，其正常订货量为100个。此门店计划进行促销活动，请计算正常促销商品订货量、惊爆商品订货量。

参考答案：

正常促销商品订货量＝正常订货量×1.5＝100个×1.5＝150个

惊爆商品订货量：正常订货量×3＝100个×3＝300个。

在这个案例中，对于正常商品，促销时的订货量为150个，而对于惊爆商品，订货量为300个。这种根据正常商品订货量的倍数来计算促销和惊爆商品的订货量的方法，有助于门店灵活调整库存，以适应不同的销售活动和市场需求。

需要注意的是，具体的倍数可以根据门店的实际情况进行调整。例如，如果门店希望在促销期间提供更大的库存量，可以适当调高倍数。这种策略旨在确保在推出促销和惊爆商品时，门店能够充分满足顾客需求，从而提高销售业绩和顾客满意度。

门店商品的订货还需要考虑商品的订货频率，在连锁门店中一般采用"ABC管理法"完成对门店订货频率的计算，见表4-1。

表4-1　门店订货频率计算——ABC管理法

分类	品种数	销售额	库存天数/指标天数	订货频率
A类商品	10%	70%	50%	每周两次以上
B类商品	20%	20%	100%	每周一次以上
C类商品	30%	10%	200%	每月一次

二、门店商品要货

连锁门店每天有大量的补货需求，为了让补货更为高效，会采用门店要货的形式来提高补货的效率和效果。门店要货的形式有两种：一种是门店有独立采购的权利，自己向供应商进行采购；另一种是向总部要货，由总部统一采购并安排配货。

1. 门店要货业务流程

门店发起要货需求提交到总部，由总部确认后，再让仓库或者供应商配送到门店，满足门店日常的订货需求。门店要货详细业务流程见图4-3。

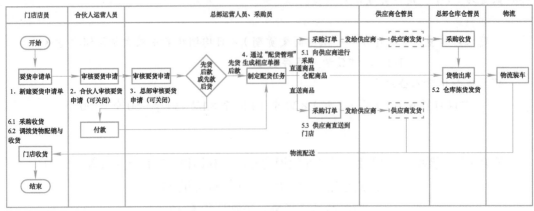

图4-3　门店要货详细业务流程

2. 门店要货四种类型

（1）仓配。门店发起要货申请，由总部仓库配送到门店。仓配一般适用于饮料、零食等长保质期商品，可以大批量采购后在仓库中进行存储。总部汇总门店要货需求后，会自动派发给仓库，再由仓库发货到门店。仓配要货基本流程见图4-4。

图4-4　仓配要货基本流程

（2）直送。门店发起要货申请，由供应商配送到门店。直送一般适用于蔬菜类、鲜奶类等短保质期的商品，不能在总部仓库中进行存储或者总部没有相应的仓储能力。需要每次由总部汇总门店要货需求，发给供应商，由供应商送货到各个门店。直送要货基本流程见图4-5。

图4-5　直送要货基本流程

（3）直通。门店发起要货申请，总部汇总采购到仓库，仓库转配门店。直通适用于蔬菜类、鲜奶类等短保质期的商品，不能在总部仓库中进行存储。总部汇总门店要货需求发给供应商，不允许供应商直接送货给门店（比如加盟门店），需要由供应商将货物先送到总部仓库，再由总部仓库进行现场分拣，转配到门店。直通要货基本流程见图4-6。

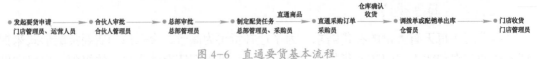

图4-6　直通要货基本流程

（4）先款后货。门店发起要货申请，需要先付货款，然后总部再发货。适用于加盟连锁商家，总部对货款结算要求比较严，加盟商每次要货时，需要先把货款打给总部，然后总部再发货。先款后货要货基本流程见图 4-7。

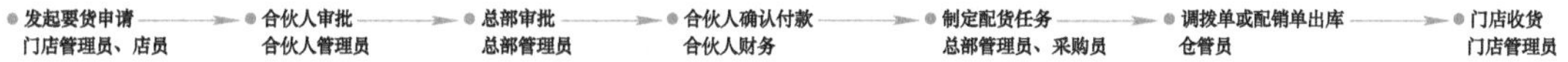

● 发起要货申请 ➞ ● 合伙人审批 ➞ ● 总部审批 ➞ ● 合伙人确认付款 ➞ ● 制定配货任务 ➞ ● 调拨单或配销单出库 ➞ ● 门店收货
门店管理员、店员　合伙人管理员　总部管理员　合伙人财务　总部管理员、采购员　仓管员　门店管理员

图 4-7　先款后货要货基本流程

3. 门店要货量计算

（1）按日均销量补货。根据日均销量计算补货量，具体公式为

门店要货量 = 近 15 天日均销量 × 可售天数 + 库存下限 - 可售库存

（2）按库存上限补货。将库存补足到设置的库存预警上限，具体公式为

门店要货量 = 库存上限 - 当前实物库存

知识拓展 配货中心分配策略

在进行配货的时候，鉴于实际的仓库库存可能无法完全满足门店要货需求，因此存在以下几种分配策略。

（1）按销量。根据门店的销量情况，将仓库库存按比例分配。

（2）按要货数量。根据门店的要货数量进行分配。

（3）按时间。优先满足要货时间最早的门店需求。

三、门店商品收货

门店商品中直供商品、配送商品的收货流程大致相同。其中，直供商品是由供应商根据订单直接送到门店，门店根据订单来验收的商品。配送商品则是由总部配送中心统一配送的商品，门店根据送货单来验收商品。门店商品收货流程如下。

（1）订货和配送安排。门店通过电子系统或应用程序向供应商、配送中心进行订货，并实现配送安排。订单的生成和配送计划的精准执行通常借助电子商务平台和供应链管理系统来实现。

（2）配送通知和跟踪。门店收到配送通知，其中包含了预计送货时间、商品清单等。利用物流追踪系统，门店可实时跟踪商品的运输状态。

（3）货物接收与验收。货车到达门店后，由门店工作人员进行货物的接收。使用条码扫描仪或 RFID 等技术手段，工作人员可以快速而准确地验收商品。

（4）数据录入。门店工作人员可以使用移动设备，如平板电脑或智能手机，进行验收工作。通过移动设备，可以直接在系统中录入收货数据，如实际到货数量、质量状况等。

（5）更新库存管理系统。使用现代的库存管理系统，门店可以实时更新库存数据。这些系统通常与其他业务系统集成，确保库存数据的准确性和实时性。门店销售点通常使用智能 POS 终端记录商品销售信息，确保库存和销售数据同步更新。

（6）异常处理。在收货过程中，门店可能使用异常处理设备，如标签打印机或移动终端，记录和处理损坏、过期等异常情况。

（7）上架与陈列。验收合格的商品被送入门店的库房或仓库。门店工作人员将商品上架，并按照陈列计划摆放在合适的位置。

（8）数据同步。销售点通常使用智能 POS 终端记录商品销售信息，确保库存和销售数据同步更新。数据同步有助于实时掌握销售情况，及时调整订货策略。

（9）数据分析与优化。利用数据分析工具，门店可以对供应链数据进行分析，优化订货策略，提高库存周转率，降低库存成本。

企业案例

京东科技——零售 ERP 系统助力门店收货

阳光佳佳便利店作为邯郸龙头连锁零售企业，其经营的面包、烟草及酸奶等商品原先主要通过和供应商电话沟通确定送货的种类与数量，供应商则按照约定的周期自动送货至门店。在采用京东零售 ERP 系统前，阳光佳佳便利店通过手工记录收货数量，然后再通过 PC 端补录供应链单据，整体操作不仅效率低下，在门店客流繁忙的时候，还会出现门店忘记补录供应链单据的情况。

京东零售 ERP 系统（见图 4-8）识别到该痛点，创新性提出无单据收货功能，即总部采购员只需提前在系统维护好供应商和商品的关联关系，在供应商按照约定来送货的时候，门店店员打开店务 App，点开扫码补货功能，输入供应商名称，即可扫描商品条码进行收货。盘点完成后输入收货数量并点击提交，系统即会自动生成已完成状态的供应链单据，极大地提升了门店的收货效率，不但无须后补单据，而且避免了忘记补录供应链单据的情况发生。

无单据收货功能上线之后，门店反馈整体收货效率较之前提升 50%。

图 4-8　京东零售 ERP 系统示意图

想一想

智能化门店管理软件对门店收货的帮助主要体现在哪些方面？

拓展阅读 收货人员的岗位职责与职业素养

1. 收货人员的岗位职责

（1）负责商品的验收工作。

（2）严格按照国家有关规定及门店的商品验收标准流程进行验收，确认相关单据的签名，同时负责退回不合格货品。

（3）合理安排待验商品的验收位置，负责收货区暂存商品的安全。

（4）发现异常问题及时向上级部门汇报。

2. 收货人员的职业素养

门店收货人员职业素养包括：①扎实的专业知识与技能，如货物验收知识及操作技能；②强烈的责任心与细心，这体现在对待工作的认真态度和对数据准确的极致追求；③良好的沟通协调能力，能与供应商及内部团队协作；④出色的问题解决能力，以应对突发情况和处理质量问题；⑤诚信与高尚的道德品质，始终遵守规范且廉洁自律。

收货人员的职业素养不仅影响着门店商品数量的准确性与商品的质量，更关系着企业信誉的发展。由此可见，职业素养不仅对于个人的职业发展有着重要作用，对于组织的长远发展也具有重要意义。职业素养高的员工能够更好地完成工作任务，提高工作效率和质量，从而促进组织的发展和壮大。同时，职业素养高的员工能够更好地保持组织的形象和信誉，增强组织的社会影响力，为组织赢得更多的商业机会和合作伙伴。

任务实施

1. 实施内容

便利门店智能订货系统对门店商品管理的影响和作用。

2. 实施要求

便利门店两种订货方式比较见表4-2。

表4-2 便利门店两种订货方式比较

人工订货	ERP订货
订货方式： 　由店长和店员来进行人工订货，系统提供丰富的参考信息，订货者通过假设验证的方式订货 优点： 　有利于订货者订货技能的提升，长期坚持之后，订货精准度较高 缺点： 　对人的依赖性较大，需要长期练习，占用订货者的时间多，对公司的整体管理水平要求较高	订货方式： 　系统针对单店单品设置上下限，店长或督导只调整上下限，店铺不需要订货，系统自动补货 优点： 　操作简单，容易理解，店员不需要订货（无短保商品时） 缺点： 　订货的精准度差，若不及时维护上下限，会经常导致滞销和缺货。对于短保品，还是要人工订货

某款智能订货系统可以帮助便利店企业实现从上下限到自动订货的平滑过渡，以相同的人工成本可以实现更好的订货结果。

（1）主要功能。①订货前数据共享。订货前提供新品推荐通知、商品异动通知，强化安全库存管理，并发出缺断货滞销警告。②智能算法。设定订货参数、算法参数、交互参数等。利用预测算法与专家算法双重提升精度。③多终端选择。提供平板电脑、扫码 PDA、手机等多种设备，既考虑效率又考虑成本，满足顾客不同需求。④订货闭环分析工具。运用 PDCA 闭环分析工具，深入分析销售额、缺货率、报损率、周转天数等信息，持续改善管理。

（2）优势。①低对接成本与低学习成本。与企业内部 ERP 系统数据对接，不影响企业 ERP 系统运转，安全高效。支持灵活设置基础参考数据，快速响应个性化需求，交互友好，操作简单。②提升订货精度和销售额。预测算法和专家算法双重提升。算法可运营、结果可跟踪、效果可评价。根据销售情况实时调整算法来提升订货精度。③减少机会损失，降低损耗，加快周转。订货准确减少了断货、无货可售的状况，降低了机会损失；减少了报损数量，降低了店内商品损耗；提升了资金利用率，缩短了商品周转天数。

结合本任务所学知识，收集其他智能订货系统，分析便利门店智能订货系统对门店商品管理的影响和作用。

3. 实施步骤

（1）全班同学自由分组，每组 3～5 人；小组选择 2～3 个学校或家周围的连锁便利门店，通过实地走访或互联网搜集资料。

（2）比较分析便利门店智能订货系统对门店商品管理的影响和作用。

（3）以小组为单位进行 PPT 汇报，小组互评，教师点评；全班同学开展交流分享。

任务三　门店商品库存管理

◎ 学习目标

知识目标：

○ 了解不同的库存管理方法；

○ 了解门店商品盘点定义及类型；

○ 了解门店商品库存常见问题。

能力目标：

○ 能运用 ABC 库存管理法；

○ 能完成门店商品盘点的基本作业；

○ 能解决门店商品库存常见问题。

素养目标：

○ 具备对工作精益求精的职业精神；

○ 具备团队合作、团队协调、团队组织的能力。

任务描述

在一个繁忙的周末，门店突然迎来了客流高峰，顾客纷纷涌入店内购物。小莫发现，由于促销活动，某些商品的销售量迅速增加，但他对这些商品的库存情况一无所知。在店长询问某款特价商品的库存时，小莫感到手足无措。他需要学习门店库存的有关知识，从而避免再次出现无法提供准确库存信息的情况。

知识储备

一、库存管理方法

（一）ABC 库存管理法

在门店运营中，我们常使用 ABC 库存管理法来进行门店库存管理。ABC 库存管理法将库存商品根据其重要性和销售贡献划分为 A 类、B 类和 C 类，以确定不同类别商品的库存管理策略。

（1）A 类库存。A 类库存通常是销售额高、销售贡献大的商品。这些商品对门店的盈利贡献较大，因此需要精确控制库存，并确保供应的及时性，以满足市场需求和减少缺货风险。一般情况下，A 类库存的库存量要保持较低水平，以避免资金占用和过多的仓储成本。

（2）B 类库存。B 类库存通常是销售额和销售贡献位于中等水平的商品。这些商品对门店的盈利有一定贡献，但相对于 A 类商品来说，销售额和贡献较低。对于 B 类库存，需要根据销售情况和市场需求进行适量控制，并确保及时补货，以维持库存的合理水平。

（3）C 类库存。C 类库存通常是销售额低、销售贡献较小的商品。虽然 C 类库存销售额较低，但仍然有一定的市场需求。对于这些商品，需要谨慎评估其库存量和补货频率，以减少资金占用和仓储成本。

通过 ABC 库存管理法，门店可以根据商品的重要性和销售贡献，制定不同类别商品的库存管理策略，以实现更有效的库存管理和盈利最大化。但需要根据具体门店的实际情况和经营模式进行灵活调整和评估，确保库存量与市场需求的匹配。

如何使这三类商品库存达到平衡，是每个企业都必须认真思考的问题。由于每个企业的行业特性、市场环境和企业战略都不尽相同，如何设定客户满意度目标和库存数量，就需要具体情况具体分析了。

案例解读

某零售公司经营多个门店，销售各类商品。随着业务的不断扩张，门店库存管理成为一项重要的挑战。为了更有效地管理库存，公司决定引入 ABC 库存管理法，以优化库存运营。ABC 库存管理法基于商品销售频率和重要性，将库存划分为三个类别：A 类（高价值、低销售频率）、B 类（中等价值、中等销售频率）和 C 类（低价值、高销售频率）。

实施步骤：

1. 数据收集与分析

公司首先收集过去一年内各门店各商品的销售数据，包括销售额、销售频率、库存周转率等信息。通过这些数据，对每个商品进行 ABC 分类。

2. ABC 分类

基于销售额和销售频率，将每个商品划分为 A 类、B 类、C 类。例如，销售额占比前 20% 的商品为 A 类，销售额占比 20% ～ 80% 的商品为 B 类，销售额占比后 20% 的商品为 C 类。

3. 库存策略制定

对于 A 类商品，由于其高价值和低销售频率，需要更加精细的库存管理。公司可以采取定期盘点、定量订货等策略，确保及时补充库存，同时避免过多库存积压。

对于 B 类商品，采用基本的库存管理方法，确保库存水平能够满足中等销售频率和价值。

对于 C 类商品，由于其低价值和高销售频率，可以采用先进先出的策略，以确保库存的新鲜度，并避免滞销。

4. 实施培训

公司对门店管理人员进行 ABC 库存管理法的培训，使其了解不同类别商品的管理策略，学会根据实际情况调整库存水平。

5. 监测与调整

定期监测各门店库存状况，根据实际销售情况和市场变化，灵活调整 ABC 分类和库存管理策略，确保库存一直能够满足市场需求，并最大限度地减少库存持有成本。

通过引入 ABC 库存管理法，该公司成功地优化了库存管理，提高了库存周转率，减少了库存积压和滞销现象，实现了更加高效和精细化的门店库存运营。

（二）门店库存数字化管理

门店库存数字化管理是指通过使用计算机软件或其他数字化工具来管理和追踪门店的库存。这种数字化管理方法可以提高库存管理的效率和准确性，并提供实时的库存信息和数据分析，以便做出更明智的决策。

每家门店对于库存数字化管理的投入和重视程度并不相同，门店数字化带来的巨大收益和库存管理改革效果让很多大型连锁企业不断探索其实践之路。门店库存数字化管理采用的常见手段和工具如下。

（1）库存管理软件。使用专门的库存管理软件记录和追踪库存数据，包括商品名称、数量、进货日期、销售日期、库存位置等。这样可以方便地进行库存查询和更新，并减少人工操作和错误。

（2）条码/二维码扫描。将商品和库存位置上贴上条码或二维码，并使用扫描设备进行扫描。这样可以快速准确地记录和更新库存信息，并进行快速的库存盘点。

（3）实时库存跟踪。通过连接库存管理软件和销售系统，实现实时库存跟踪。这样可以随时查看库存数量和库存变动，提前预警并避免库存短缺和过剩。

（4）自动补货提醒。根据库存管理软件中设置的库存预警值，自动提醒门店进行补货。这样可以避免因库存不足导致的销售中断或因库存过剩而造成的资金浪费。

（5）数据分析和报告。库存管理软件可以生成各种库存报表和分析，如库存周转率、ABC 分类、销售趋势等。这样可以帮助门店了解库存状况、销售情况和市场需求，从而优化库存管理和供应链管理。

（6）供应链协同。通过数字化管理，门店可以与供应商建立更紧密的合作关系，实现供应链的协同管理。例如，可以与供应商共享库存数据，以实现更准确的供应计划和库存补货。

通过门店数字化管理，可以提高库存管理的效率、准确性和智能化水平，降低成本和风险，并帮助门店做出更科学的库存决策。

企业案例

全球时尚品牌东百（Tokyo Base）自 2017 年进入中国市场以来，不断增加投资，先后在北京、上海、深圳、成都、武汉等地开设了多家店铺。Tokyo Base 一直将全渠道运营能力作为公司的发展战略之一，而智能库存管理被视为实现这一战略的首要项目。Tokyo Base 希望借助先进的零售技术和管理理念实现以下目标：通过更加精准的库存信息和库存可视化管理，减少商品库存过剩或缺货的情况，实现商品快速配送和收货，让员工摆脱繁重的体力劳作，将宝贵的时间用于为顾客提供优质服务。同时提高周期盘点的频率和速度，实时更新商品在销售区和仓库的准确信息，防止长期库存失真。

为了能够更好地支持品牌在世界各地的发展，提升精益管理能力，Tokyo Base 于 2021 年开始导入先讯美资智能库存 TrueVUE 平台，该平台采用 RFID 技术，对库存数据进行收集、处理以及分析。通过半年的部署，该平台在运营上展现出了巨大的优势。例如：物流方面，RFID 技术有效解决了以往商品从日本发往世界各地时出现的偏差，确保了颜色、尺码和数量与计划完全匹配；店铺管理方面，通过对员工进行培训，所有相关人员都能够熟练掌握 RFID 技术的应用，大大提高了收货、盘点、找货等日常操作的速度和精度，让员工将更多的精力放在客户服务上，从而创造更多价值。

二、门店商品盘点

（一）门店盘点定义及公式

1. 门店盘点定义

盘点就是对店内商品进行全部或部分的清点，以准确掌握商品实际情况。盘点要求真实、准确、完整、清楚、协作、时效，必须当天完成，尽可能不影响正常销售。

2. 门店盘点公式

$$盘点数量差异 = 实际盘点数量 - 账面数量$$
$$盘点金额差异 = \sum[（实际盘点数量 - 账面数量）\times 销售单价]$$

从上述公式我们可以得出结论，门店盘点的数量差异是实际盘点数量和账面数量间的差距，门店盘点金额差异是所有种类商品的盘点数量差异乘以销售单价之和。

（二）门店盘点类型

1. 按盘点人员分类

按盘点人员的不同，门店盘点分为门店自盘、主管部门组织盘点和第三方盘点三种。其中，门店自盘是由门店自行负责进行商品盘点，由店员和店长组成盘点小组，对门店的商品进行清点和核对。主管部门组织盘点是由主管部门或总部组织专业团队对门店的商品进行盘点，确保盘点的客观性和准确性。第三方盘点则是聘请独立的第三方公司或专业机构对门店的商品进行盘点，以确保盘点结果的客观性和准确性。

在门店的日常管理中，门店自盘的可操作性和实用性比较高，常常定时（如固定1周或1月）进行该类盘点。而主管部门组织盘点及第三方盘点可以有效地监督门店的日常管理工作，督促门店提高管理效率和水平。

2. 按盘点工具分类

按盘点工具的不同，门店盘点可分为手工点数盘点和盘点终端（枪）盘点。与手工点数盘点相比，盘点终端（枪）盘点的准确性高、错误率低、工作效率高。盘点终端（枪）连续扫码盘点，大大提高盘点效率；精准的条码识别功能，可将盘点出错率降低至零。门店店员或仓管人员可通过手持盘点终端（枪）接入无线网络，操作物理按键连续扫描商品条码，快速准确地收集盘点数据。盘点终端（枪）见图4-9。

图 4-9　盘点终端（枪）

3. 按盘点频率

按盘点频率的不同，门店盘点分为班盘、月盘、季盘、年盘和不定期抽盘几种（见表4-3）。

表 4-3　门店按盘点频率分类表

门店盘点类型	说明
班盘	门店每班交班时，对当班的商品进行盘点和核对，确认当班的库存数量和商品的质量情况
月盘	每月进行一次商品盘点，对所有商品进行全面清点和核对
季盘	每季度进行一次商品盘点，对所有商品进行全面清点和核对
年盘	每年进行一次商品盘点，对所有商品进行全面清点和核对
不定期抽盘	随机抽取部分商品进行盘点，以验证库存数据的准确性和商品的质量安全性

（三）门店盘点方法及范围

1. 门店盘点方法

以门店自盘为例，门店盘点分为顺序盘点法和交叉盘点法两种。

（1）顺序盘点法。按照从左至右、从上至下的顺序对货架商品进行点数。货架上所有商品都不能遗漏。

（2）交叉盘点法。两人一组，不同位置同时点数，初盘结束后，交换位置进行复盘。

2. 门店盘点范围（见表4-4）

表4-4　门店盘点范围表

物品类型	是否盘点	存放地点	备注
过期商品	是	库房退换货区	保质期已过，无法销售但可退货的商品，在盘点表中注明过期商品数量及原因
临期商品	是	店面或库房退换货区	按主管部门要求在盘点前进行处理
特价商品	是	店面或库房正品区	按正常商品进行盘点
正常商品	是	店面或库房正品区	按正常商品进行盘点
自用品	否	库房自用品区	门店的设备设施、店员自用物品不计入盘点数量
残损商品	否	库房残损区	包装损坏、商品变质、过期等无法销售且不可退换货的商品，不计入盘点数量。残损商品按报损流程处理
赠品	是	库房赠品区	按照正常商品盘点

（四）门店盘点流程

以门店自盘为例，门店盘点流程见图4-10。

人员分工 ➡ 制作盘点地图和盘点表 ➡ 整理商品 ➡ 系统单据检查 ➡ 初盘 ➡ 复盘 ➡ 录入数据 ➡ 盘点差异

图4-10　门店盘点流程

1. 人员分工

在门店自盘中，店长根据店内员工人数进行人员盘点分工，两人（或以上）一组，明晰他们的职责和目标。

2. 制作盘点地图和盘点表

参照门店布局图制作门店盘点地图，划分盘点区域，并在各区域注明编号，以掌握盘点进度，避免重复盘点。需要注意的是，盘点人员要确认所有需要盘点的商品都在表上显示。除此之外，还要确认货架编号、位置编号等项目与盘点表一致。

3. 整理商品

制作完成门店盘点地图后，需要开始整理商品，对门店中的不同商品需要采用不同的整理方法。门店商品整理内容与说明见表4-5。

表4-5　门店商品整理内容与说明

整理内容	说明
货架	（1）混放商品：注意商品是否混放 （2）遗漏商品：检查货架底下或角落有无遗漏商品 （3）零星散货：满足销售条件的零星散货归入正常货架
货箱	（1）盘点前，拆散空箱，避免混入待清点的商品 （2）检查陈列的箱装商品是否满箱 （3）库存区商品须用货箱存放，非满箱商品的确切数量应在货箱货品标签上标注 （4）堆头的空纸箱清理完毕
价签	（1）检查价签信息是否与系统一致 （2）核实价签是否与商品一一对应
条码	确认所有商品是否具备有效条码、是否可以扫码（通过POS机或盘点枪识别）
质量	（1）记录破损商品并集中放置 （2）记录过期商品并集中放置 （3）商品保质期检查，对于临期商品进行检查并记录
退货	退货商品必须在盘点前整理完毕

4. 系统单据检查

核实收货、退货、损耗、调拨等单据，未录入系统或操作错误的，及时做出相应处理。盘点开始前进行数据通信，以便后台生成准确的当期系统账存数据。

5. 初盘

门店商品初盘一般是指门店盘点中初次盘点商品的过程。这个过程主要是为了确定门店所持有的实际物品的数量和价值，以便与实际销售数据进行比较，发现可能存在的差异和问题，从而优化门店的库存管理和销售计划。在门店商品初盘过程中，一般需要对每个商品进行逐一清点，并按照库存管理系统的要求进行登记和处理，包括商品数量、款式、颜色、尺码、价格等方面的信息。同时，初盘的结果还需要与实际销售数据进行比对，以便发现差异和问题，并及时进行整改和纠正。在实际操作中，初盘需要注意以下几点。

（1）实物盘点，见货盘货，检查商品保质期。

（2）非原包装箱或已经开封包装箱必须打开盘点。

（3）不要随意移动商品，以便复盘。

（4）每组货架盘完后在盘点地图上标记。

6. 复盘

初盘完成后，交叉复盘。复盘完在地图上用另外的颜色标记。复盘与初盘数据不一样时，须由店长安排重盘，以确定实际数量。

7. 录入数据

店长和盘点人员在盘点表上签名或在管理系统内进行确认，对照实盘数量在系统中准确录入盘点数据。数据录入完毕后，及时进行记账通信操作，确保盘点数据入账。

商品盘点数据录入期间如发生销售，由指定人员单独记录，录入结束后及时补录销售数据。

8. 盘点差异

盘点结束后，门店恢复正常销售，等待主管部门通知盘点结果。若有异常（实际库存数量与账面库存数量存在偏差），盘点人员根据下发的差异结果，进行差异分析及处理。

🧠想一想

便利店盘点商品尤其是生鲜类产品为什么特别重要？

参考答案:

盘点商品在便利店经营中尤其对生鲜类产品至关重要，这不仅有助于确保产品质量和新鲜度，还能提高库存管理的效率，降低损失和滞销风险。以下是便利店盘点商品，特别是生鲜类产品的重要性。

1. 确保产品质量与安全

生鲜类产品容易受到时间和温度的影响，盘点能够及时发现过期或接近过期的商品，避免售卖过期产品。

通过盘点，可以检查生鲜类产品的存储条件，确保符合卫生标准和安全要求。

2. 最大限度减少滞销风险

盘点有助于识别滞销商品，尤其对于生鲜类产品，可及时调整库存水平，减少滞销商品的积压。

定期盘点商品可以更好地了解不同季节和消费者需求的变化，有针对性地调整生鲜类产品的进货计划。

（五）盘点差异处理

1. 查找差异的方法

当门店商品盘点中出现差异时，首先需要找到在商品管理的哪一环节出现了偏差。主要从以下几个方面进行检查。

（1）对差异商品进行重新盘点。

（2）检查系统是否有未验收单据、配送在途单据、退货未记账单据等。核对收货单、退货单、调拨单是否与系统数据一致。

（3）检查交接班盘点记录、贵重商品台账、库存出入库记录等。

2. 对照原因采取防止措施

当盘点差异超出一定范围时，说明门店存在一定的经营管理问题。门店要找到差异的原因，并按主管部门的具体要求及时处理。盘点常见差异原因及防止措施见表4-6。

表 4-6 盘点常见差异原因及防止措施

常见差异原因	具体表现	常见差异处理方法	差异防止措施
配送原因	盘点时配送商品在途，或配送商品退货未记账	按实际配送（退货）数据进行修改	在盘点前核实在途配送商品单据
操作失误	日常销售错误及漏扫码或错扫码，导致销售串码	核实后及时调整	销售商品时，所有商品均扫码销售。员工自购商品时及时结账
	单据处理错误。收货、退货、调拨等影响库存的单据未及时处理或录入错误		确保收货、退货、清点商品及单据的准确性
	盘点错误。盘点过程中某环节执行不当造成商品错盘、漏盘等		严格执行盘点流程，特别是人员安排、单据传递、数据录入、数据更改等流程
历史盈亏	前期有盘点盈亏单，没有处理完毕或处理错误		及时处理盈亏
商品损耗	商品失窃	要根据实际情况分清责任，原则上应尽量避免商品失窃或过期造成的损耗。正常损耗率范围内按报损流程处理，超出部分按主管部门要求处理	强化安保措施，增设监控设备，并加强巡逻力度，提高员工防盗意识，降低偷盗发生率。规范培训员工，确保员工能够正确搬运、陈列商品，从而减少商品破损率。定期检查商品保质期，及时处理过期商品，避免不必要的损耗
	商品在配送运输或调拨承运过程中丢失		
	过期、破损等不能销售且无法退货		

三、门店商品库存常见问题

（一）处理临期商品的方式

1. 实施有效的临期商品促销活动

（1）赠品捆绑。即将临期商品捆绑临期商品进行销售，或者购买正常的商品赠送相关的临期商品。

（2）特价促销。进行降价或打折销售，门店系统内可设置多种打折促销方法。

（3）免费试吃。在店门口开展试吃或者免费赠送活动，吸引消费人群，带动临期商品甚至正价商品的快销。

（4）特殊陈列。在以上 3 种方法的基础上，进行特殊的商品陈列，如设立专门的打折出清专区、地堆、造型等，并积极叫卖，营造一种抢购的氛围。

2. 加强对产品信息的管理，合理规划货架及仓库

后仓应将常规效期商品、临期商品及滞销品进行分类摆放，并进行先进先出陈列，促进补货的先进先出。建立临期商品自查制度，定期对货架及仓库中产品的生产日期、保质期进行检查。建立周期商品处理制度，形成临期商品处理程序及标准，确保出现临期产品时，在班人员可按要求和流程进行处理及销售。

3. 调整商品价格体系，制定合适的价格

根据竞争对手价格、顾客心理预期合理定价。

（二）处理过期商品的方式

1. 及时识别过期商品

定期执行库存盘点工作，应特别关注商品的保质期和过期日期。使用先进的 POS 系统和库存管理软件，设置提醒和警报，以便及时发现即将过期的商品。

2. 标记和隔离

一旦发现过期商品，立即在商品上标记过期日期，并将其隔离放置在专门的区域，以防止错误售卖。通过标签或颜色区分，确保店员和管理人员能够轻松识别过期商品。

3. 销毁处理

对于无法销售或捐赠的过期商品，采取安全、环保的方式进行销毁处理。确保按照法规和环保标准进行处理，避免对环境造成负面影响。

⊘ 任务实施

1. 实施内容

校园超市门店商品盘点实践活动。

2. 实施要求

结合本任务所学内容，利用门店自盘方式，为校园超市进行一次商品盘点，并完成盘点差异分析。

3. 实施步骤

（1）全班同学自由分组，每组 3 ~ 5 人；由组长担任店长，组员担任店员，店长带领组员根据校园超市平面图制作本组盘点地图；按照门店自盘流程制作本组盘点流程，完成对应任务的相关人员安排，并填写表 4-7。

表 4-7　盘点流程与人员安排

盘点流程	人员安排

（2）按照门店自盘计划，绘制盘点地图，完成盘点工作。

（3）针对盘点工作出现的盘点差异进行分析，填写表 4-8。

表 4-8　盘点差异与差异分析

盘点差异	差异分析

（4）以小组为单位进行 PPT 汇报，小组互评，教师点评；全班同学开展交流分享。

项目评价

学习目标	评价项目	自我评价（30%）	组间评价（30%）	教师评价（40%）
专业知识（30分）	了解门店业态及不同业态内的商品规划			
	了解门店商品的常见组合模式			
	掌握商品定位的概念、作用及订货概念			
	掌握门店订货、要货、收货等流程和方法			
	了解不同的库存管理			
	门店商品盘点定义、类型及库存常见问题			
专业能力（40分）	能根据商品分类的方法对便利店商品进行分类			
	能够针对不同业态、不同商圈的门店进行商品定位			
	能够结合门店实际运营情况进行商品结构调整			
	能完成门店订货、要货、收货的基本作业			
	能运用仓库分类方法进行库存分类			
	能完成门店商品盘点的基本作业			
职业意识（30分）	实事求是、严谨的工作作风			
	精益求精的工作态度			
	协同合作的团队意识			
教师建议		评价标准：A：优秀（≥80分）B：良好（70～79分）C：基本掌握（60～69分）D：没有掌握（<60分）		
个人提升方向				

项目练习

一、单项选择题

1. （　　　）是在中分类的基础上，对商品进行更具体的细分。

　　A. 大分类　　　　　B. 中分类　　　　　C. 小分类　　　　　D. 单品

2. 便利门店中的优惠套餐（如买一送一、搭配销售的产品组合）是指（　　　）。

　　A. 品类管理　　　　B. 商品组合　　　　C. 单品　　　　　　D. 商品定位

3. （　　　）就是门店根据销售情况、库存状况和顾客需求等因素，向供应商或分销商下订单购买商品的行为。

　　A. 补货　　　　　　B. 验货　　　　　　C. 订货　　　　　　D. 收货

4. 在企业中占销售额 70%，品种数占 10% 的商品是（　　　）。

　　A. A 类商品　　　　B. B 类商品　　　　C. C 类商品　　　　D. D 类商品

5. 建议订货量 =（订货频率 + 供应商交货期）× 日均销售量 + 最大货架储存量 ×1/2-已订数量 - 库存数量。这是（　　　）订货量计算公式。

　　A. 特殊商品　　　　B. 一般商品　　　　C. 促销商品　　　　D. 特价商品

二、多项选择题

1. 门店商品品类管理目标包括（　　　）。

　　A. 满足多元化需求　　　　　　　　　B. 提高销售效益

　　C. 提升顾客体验　　　　　　　　　　D. 适应市场变化

2. 商圈差异化特征分析可以从（　　　）方面考虑。

　　A. 居住人口　　　　　　　　　　　　B. 商业环境和竞争格局

　　C. 地理位置和交通特征　　　　　　　D. 文化和生活方式

3. 教材中涉及的门店订货方式包括（　　　）。

　　A. 计划性订货　　　B. 经验订货　　　C. 定量订货　　　D. 补充式订货

4. 门店盘点中常见差异原因包括（　　　）。

　　A. 配送原因　　　　B. 操作失误　　　C. 历史盈亏　　　D. 商品损耗

5. 处理商品临期的方式包括（　　　）。

　　A. 赠品捆绑　　　　B. 特殊陈列　　　C. 免费试吃　　　D. 销毁和隔离

三、简答题

1. 业态分类中有店铺形态主要包括哪些？

2. 门店商品分类包括哪些内容？

3. 门店订货程序主要涵盖哪些步骤？

4. ABC 库存管理法中，A 类、B 类、C 类库存主要是指哪些库存？

5. 简述门店自盘的流程。

项目五
门店人员管理

项目情境

　　小莫两年前作为储备干部进入公司工作，现在已成长为一名店长助理，以后可以向店长岗位发展了。公司最近要开一些新店，店长岗位有了空缺，小莫决定试一试。通过内部应聘，小莫成功晋升为一名新店店长。小莫走马上任后，了解了新店人员情况，列出了三项任务：①完成员工招聘与培训；②制定员工排班表；③开展团队建设。

知识结构

门店人员管理	门店员工招聘与培训管理	门店员工招聘
		门店员工培训
	门店员工排班管理	排班制度的制定
		排班表的系统组成
	门店员工团队管理	门店例会的召开
		团队建设的开展

任务一　门店员工招聘与培训管理

学习目标

知识目标：

○ 掌握招聘的方法与程序；

○ 掌握员工培训的内容；

○ 掌握带训的步骤。

能力目标：

○ 能够完成招聘流程；

○ 能够完成培训的流程；

○ 能够完成师徒培训任务。

素养目标：

○ 具有较强的沟通能力和团队协作能力；

○ 具有法律意识和合规操作的能力。

任务描述

小莫要走马上任新店的店长，该门店位于开发区，在大型住宅区的黄金地段，是一间占地 400 平方米的超市。目前门店有 6 名员工，是从其他门店调过来的，其中 2 名是中级店员，其余 4 名还在初级店员阶段。按公司的人员配备，同业态同级别的店铺，会配备 10 名员工。小莫觉得，当务之急是要招兵买马，把人手配齐，并且要在最短的时间内培养出熟练的店员来。

知识储备

一、门店员工招聘

（一）招聘方法

门店员工招聘常见五种方法：

1. 依托人力资源管理部门

卓有成效的人力资源管理能够帮助门店实现人力成本领先。门店的发展战略决定着门店的人力资源战略，各项人力资源管理活动都是为门店战略目标的实现服务。在人力资源管理中，人员招聘管理是第一环，也是重要的一环，因此门店在进行招聘时，可以通过公司人力资源管理部门进行。

2. 熟人同事引荐

招聘员工的时候，可以利用自己和家人的社交网络，寻找合适的人推荐给门店。熟人推荐通常基于对候选人的深入了解。介绍来的多半是自己的亲朋好友，都是知根知底的，个人信息真实可靠、客观准确，同时，流动性低。这些人一旦被录用，顾及介绍人的关系，就会努力工作。而且，为了维护自己的声誉、信用及形象，他们更会积极主动。当然，使用熟人推荐法时，有些问题也是需要关注的。

（1）在选择熟人推荐法后，不能对候选人失去客观判断。若候选人没有才能，为了保证推荐人的信誉却不得不雇用候选人，这种"任人唯亲"的做法是不明智的。应该时刻保持清醒的头脑，为了门店的利益和员工的生活环境，要对推荐人进行思想引导并表达对其的歉意，使其不丧失对工作的积极性。

（2）这种方法容易在门店形成裙带关系，有利也有弊。有利的方面是可以增强工作的实施效果；不利的方面是不利于门店方针政策的实施。因此，在候选人进入门店后，应该对其思想进行引导，使其价值观和门店的价值观融为一体。

3. 同行主动挖掘

门店想在短时间内招聘到需要的人才，可以直接从竞争对手那里进行挖掘。人才的挖掘通常要经历以下过程。

（1）收集信息。挖人要面临渠道问题，即通过什么渠道才能找到所需要的人才。毋庸置疑，目标人才一定是在对手公司里面。因此，第一步就是信息的收集与积累。

（2）明确资料。收集竞争对手相关岗位人员的基本信息，比如，想挖对方的金牌员工，一定要获得关于此人的相关资料，至少要知道对方的名字、职务、待遇、能力，以及与领导和同事关系如何。

（3）进行联系。建立与目标人才的初步联系，大致有以下几种方法：①通过微信、短信等方式，直接给对方发消息，语气要委婉，目的不要太直接；如果微信沟通有效，可以与对方进行即时沟通，其优点在于信息的及时性、有效性。②通过熟人介绍，索要对方联系方式，如有必要，可以面谈。

（4）沟通聊天。精心策划聊天内容，灵活选择沟通策略。跟对方聊些什么，如何聊？是开门见山地说明来意还是委婉地阐述，取决于当时的情况。确定聊天内容之后，要用恰当方式去开启对话，建立信任感。

（5）与对方见面。对于普通人员，见面的时间可以根据对方的时间来确定，地点最好在门店。如此，对方就可以了解门店，建立良好的第一印象。如果是优秀的人才，约见地点要安排在环境较好、私密性较强的面试间等。

（6）保持联系。面谈后，要和目标人才保持必要的联系，了解对方的思想变化，及时向领导反映，以作决策之用。

4. 个人魅力吸引

人才，是每个门店都梦寐以求的宝贵资源。然而，为了引进人才，仅仅向他们提供优厚的待遇是远远不够的，还要依靠门店文化和店长的人格魅力去吸引。店长的人格魅力在人才招聘中发挥着重要作用。那么，怎样才是有魅力的店长呢？

（1）品格魅力。和蔼、可亲对于一个门店店长来说是难能可贵的品格，这种平易近人的态度在下属心里产生的影响力、感召力是很大的。有的领导可能性格和能力不算好，但是心地宽厚、真诚待人，这也是一种品格魅力。

想一想

作为一名职业院校的学生，在日常的学习和生活中，应怎样提高自身的品格魅力呢？

（2）善于激励。店长的另一个身份就是教练，他要能激励员工士气，传授员工经验，解决员工的问题，令员工折服，必要时还得挺身而出；能让有能力、有意愿的人，死心塌地跟随，并且激励有能力却意愿不坚定的员工，坚定他们的信念，这样的店长才是最被推崇的。

（3）勇做表率。想获得员工的认同，就要大胆尝试，开拓他们的思路，做出表率。要通过以身作则、承担风险及展现超群的能力，使追随者确信目标是合理的、能够实现的。这种带领大家一起翻越高山、替员工遮风挡雨的精神，必定成为最受员工喜欢的人格魅力之一。

（4）心胸宽广。优秀店长是员工的保护伞，其心怀宽广，对外界事物有着极强的包容性，能将不同性格、不同背景的人团结在一起；即使员工有反对意见，他们也会容忍，更能包容竞争对手。

（5）远见卓识。作为一名门店店长，有远见是至关重要的。身处高位，就要有比别人更宽广的视野，在处理某些关键问题时，要表现出别人所没有的高瞻远瞩，迅速决策，把不确定性转变成机会和成功的策略，减少追随者的担忧。

（6）有极强的工作能力。店长的业务和决策能力很强，员工不会的事他会，员工做不了的工作他能做，自然会在员工中产生威信，员工对他尊重，甚至仰慕，魅力也就自然而来。

5. 专业招聘渠道

专业现场招聘会是最现实、最成熟的招聘方式之一。各地都会举行一些大型招聘会，这样的招聘会往往会吸引众多求职者前往。为了招聘到合适的人才，企业就要主动参与。

● 拓展阅读

在现实工作中，对于履历真假的鉴别，需要运用一些技巧（见表5-1）。

表5-1　鉴别虚假简历的技巧

鉴别要点	内容
年龄和学历匹配	如果发现申请人的学历和年龄明显不符，可以进一步询问专业和课程。如果申请人回答不清楚，则需要验证这份简历的真实性
简历内容与常识相悖或者矛盾	若求职者在简历中疯狂吹嘘自己的经历，所述内容有悖常理，或者前后内容不一致，则简历可能是伪造的
时间点的衔接	不仅要关注简历中的基本信息、工作内容、能力等，还要关注时间段的合理性，注意时间上是否存在前后矛盾的情况

（二）招聘管理中的法律风险与对策

许多企业引进人才时，自认为握有录用员工的主动权，加上缺少法律意识，因此常常忽视招聘过程中的法律风险，为企业之后的正常运营和用工管理埋下了隐患。为此，门店应依法做好员工招聘工作。

1. 招聘宣传中的法律风险与对策

门店在招聘宣传中如果有涉嫌就业歧视的内容，比如在招聘广告中包含对应聘者"性别、婚姻状况、民族、户籍、身体健康状况"等方面的不合理限制，则刊登该广告的门店将可能面临侵权诉讼，并将承担相应的法律责任。根据《中华人民共和国就业促进法》，劳动者享有平等就业的权利，如遭受用人单位就业歧视，劳动者可直接向人民法院提起诉讼。若劳动者在试用期间被证明不符合录用条件，按照《中华人民共和国劳动合同法》（简称《劳动合同法》），单位可以解除劳动合同。因此，明确的录用条件是企业行使合法解除劳动合同权利的前提。

2. 入职审查中的法律风险与对策

《劳动合同法》明确规定了用人单位对与劳动合同直接相关的劳动者的基本情况有知情权，因此，企业人力资源管理部门应利用好法律赋予的这项权利，做好对拟录用员工的入职审查和管理工作，从根本上防范用工法律风险，把好第一关。

对拟录用员工的入职审查和管理，重点在于对招聘过程中得到的劳动者相关信息的整理，这不仅有利于规范企业的用工管理，更重要的是为将来可能发生的劳动争议留存证据。这些审查包括：①年龄审查，即身份证明验证；②资质审查，审查与应聘职位相关的学历证明和各种资格证明；③劳动关系状况审查，查验应聘者与原用人单位解除或终止劳动合同的证明；④身体状况审查，要求应聘者提供正规的体检报告或者要求应聘者到指定医院参加体检。

知识拓展

根据现有的法律规定，签订劳动合同后，用人单位必须为员工缴纳五险一金。

五险：即基本养老保险、基本医疗保险、失业保险、工伤保险、生育保险，这些保险制度旨在确保员工的合法权益得到保障。

一金（住房公积金）：住房公积金具有强制性，对于员工来说具有一定的经济价值，可以用于购房、偿还房贷、房屋装修等多种用途。

如果用人单位未按规定为员工缴纳五险一金，那么社保部门或住房公积金管理中心有权对其进行处罚，员工有权要求用人单位赔偿。因此，签订劳动合同后，用人单位必须依法为员工缴纳五险一金。

二、门店员工培训

（一）员工培训准备工作

员工培训作为门店的人力资本投资，其成败在很大程度上依赖于培训需求分析。培训需求分析决定了培训能否瞄准正确的目标，进而影响到能否设计与提供有针对性的培训内容，因此对培训的有效性起着至关重要的作用。

1. 分析员工培训需求

培训需求的确定，主要是通过对门店现实进行分析，找出现实和计划目标之间的差距，从而确定员工需要参加何种培训，企业应组织何种培训。分析员工培训需求通常包括三个方面的内容，门店分析、任务分析和员工分析。

（1）门店分析。门店分析是指分析人员站在企业的高度，从门店整体角度出发分析员工的培训需求。具体是指通过对门店完成某一项任务所需的知识、技能状况同现有状况的差距进行分析，来确定门店的培训需要及培训内容。门店分析应从门店目标、门店资源、门店特质和环境等方面进行，其目的是使培训与门店目标吻合并符合门店实际。

门店员工培训需求产生的原因大致可以分为三类：①由于工作变化而产生的培训需求。门店处在不断发展变化的环境之中，不同岗位的工作内容会相应地发生变化，为了适应这种变化，培训需求就产生了。②由于人员变化而产生的培训需求。无论员工原来从事何种工作，当他们进入一家新企业或踏入新的工作领域时，为了尽快地进入工作状态，实现较好的工作业绩，培训都是他们的首要选择。③由于绩效变化而产生的培训需求，实现既定的或更优异的绩效是门店所希望的，但部分员工因各种原因，在其现有状况和应有的状况之间会存在一定的差距，由此产生了相关的培训需求。

（2）任务分析。任务分析也称工作分析，是指对完成工作任务并达到满意绩效所必须掌握的知识与技能进行分析，并通过现状与要求的对比，确定员工培训与开发的内容。任务分析是在特定工作岗位的层次上进行的。

任务分析一般可以分为五个步骤：①选择需要分析的工作岗位。②通过观察、访问、与知情者讨论等方式，初步列出该工作岗位所要完成的各项任务的基本清单。③核查、确认初步列出的任务清单的可靠性和有效性，可以通过同行请教或书面调查等形式回答有关各项工作任务的问题，以使其进一步完善。④明确成功完成每一项任务（任务清单确定的）所需要的知识、技能或能力。这类信息可以通过访谈和调查问卷法加以收集。⑤进行对比分析，找出现状与要求的差距。

（3）员工分析。员工分析是以员工个体作为门店员工培训需求分析的对象，主要分析员工个体现有状况与应有状况之间的差距，在此基础上确定谁需要和应该接受培训及培训的内容。员工分析主要分为新员工培训需求分析和在职员工培训需求分析。

1）新员工培训需求分析。新员工由于对门店制度不了解而不能融入企业，或是由于对门店工作岗位不熟悉而不能很好地胜任新工作，此时就需要对新员工进行培训。对于新员工的培训需求分析，特别是对于从事低层次工作的新员工的培训需求分析，通常使用任务分析法来确定其在工作中需要的各种技能。

2）在职员工培训需求分析。在职员工培训需求是指由于新技术在生产过程中的应用，在职员工的效能不能满足工作需要等方面的原因而产生的培训需求。在职员工培训需求分析通常可以采用观察、问卷调查、阅读技术手册、访问资深专家等方法收集相关信息。绩效评价是识别培训需求的重要手段之一，找出与门店期望绩效有差距的员工，分析差距出现的原因，从而为有针对性的培训做好准备。

2. 确定员工培训目标

在培训需求分析的基础上，门店就可以确定培训目标，以使培训更加有效。培训目标是指培训活动的目的和预期效果。有了培训目标，才能确定培训的对象、内容、方法等，并可在培训之后对照此目标进行培训效果评估。培训目标一般包括三方面内容：一是说明员工应该做什么；二是阐明可被接受的绩效水平；三是受训者达成既定学习成果所需的条件。培训目标可以分为若干层次，从某一培训活动的总体目标到每次培训的具体目标，越趋于下层越具体。员工培训目标的确定应遵循循序渐进的原则，逐步达成目标。

3. 制订员工培训计划

根据培训的需求和目标制订员工培训计划。制订员工培训计划需要明确培训内容、培训对象、培训形式和培训层次等。具体包括确定培训地点、培训项目的负责人、培训学制、培训方案、教科书与参考教材、培训教师、教学方法、考核方法、辅助器材设施以及编制培训费用预算等。

员工培训内容一般分为三个层次：①知识培训。知识培训有利于员工理解工作过程，增强对新环境的适应能力，奠定持续发展和提高的基础。②技能培训。技能培训主要是针对员工业务能力的提升而组织的培训。③素质培训。素质培训是较高层次的培训，主要包括正确的价值观、积极的工作态度、良好的思维习惯、企业精神以及其他较高的目标。此外，有的门店也组织创新能力培训、团队精神培训等。

（二）带训目标、原则及步骤

带训工作是新人培训的延续，也是其重要的组成部分。带训师要准确评估学员的职业能力优劣势，并给予及时、具体的反馈和辅导，帮助他们领悟和发现自身的职业能力缺陷；找到促进学员能力成长的方案，进而提升他们的技能、挖掘他们的潜力，帮助他们将自身发展目标与企业发展目标统一起来，最终让学员的表现达到团队目前和未来的要求。

1. 带训目标

成功的带训能达到如下目标。

（1）学员获得实际工作能力，掌握工作技巧，能够独立完成工作流程。

（2）及时发现并解决学员实践中发生的问题及困惑。

（3）学员获得成就感与业务操作信心。

（4）学员了解店内工作，初步建立企业忠诚度。

（5）降低离职率，从而节约招聘成本。

2. 带训原则

带训要遵循成长规律，循序渐进，并遵守三原则，即说给他听（告知）、做给他看（示范），让他做做看（运用或练习）。

3. 带训步骤

带训的五个步骤如下。

（1）备。即准备好培训内容和环境等多方面要素。具体包括：①明确培训目标，即确定培训要达到的效果；②备好学员，即了解学员现在会多少、会什么；③备好内容，即熟悉培训的内容；④备好场地，即检查环境是否适合培训；⑤备好资料，即明确要讲解的内容；⑥备好时间，即规划好培训时长、休息次数。

（2）教。即进行培训教导。为了提高带训效果，在教导时要注意以下要点。

1）营造轻松的学习氛围。由于精神过度紧张会影响学习力，因此，为避免学员过于紧张，要尽力营造轻松的氛围。

2）说明重要性。鉴于学员的学习效果与其思想重视程度相关，应向学员说明跟训的重要性，端正学员的学习态度。

3）讲解要领与现场示范。在带训中要抓住要领进行讲解，针对复杂情况进行现场示范，是非常必要和有效的。

4）避免一次教得过多。在带训中要将内容划分为多个批次进行教授，一次教授过多内容会适得其反。循序渐进，让学员有接受的时间，这样学习的效果会更稳定。

5）要有耐心与细心。每位学员拥有不同的个性特点，带训师面对不同的学员也要有一个适应的过程，要更有耐心和细心。

（3）练。即让学员练习。在学员操作练习阶段，需要注意以下要点。

1）现场操作。要让学员现场进行操作，进行现场操作有利于及时发现问题并提高指导有效性。

2）分段练习。对于复杂性的操作进行分段操作练习，此举可以降低难度。

3）耐心指导。学员练习时，带训师要在现场指导，一旦发现问题应立即予以纠正。有的问题可能会反复出现，需要带训师更有耐心。

（4）跟。即跟进强化。带训过程要设定一定的周期，并在新内容培训完成时设立强化期，强化期和培训效果密切相关。在跟进期，学员会出现懈怠，需要带训师进行激励，在督导检查的同时，还需要对细节之处进行耐心示范与详尽讲解。

（5）评。即总结评价。带训结束要进行学员评估，既包括带训师对学员掌握程度的评估，也包括学员自己的总结评估。通过学员的自评，总结自我的成长与进步，能提高学员的成熟度，也有利于激发学员参加后期培训的热情。

议一议

随着人口红利逐渐消退，零售商超企业在招聘和维系一线员工方面面临着"用工荒"挑战，企业该如何应对呢？

任务实施

1. 实施内容

新的门店装修工程即将完工。目前配备店长 1 人和店员 6 人，计划招聘新员工 4 人，并组织新员工培训。

2. 实施要求

店长负责新员工的招聘工作，并确保在新店开业一个月内完成新员工的培训。

3. 实施步骤

（1）全班同学自由分组，每组 3 ～ 5 人；小组成员按照招聘和培训的流程进行分工。

（2）按照招聘和培训的相关方法、技巧和要点，各小组模拟进行招聘和培训。

（3）以小组为单位进行 PPT 汇报，小组互评，教师点评；全班同学开展交流分享。

任务二　门店员工排班管理

学习目标

知识目标：

○ 理解排班的作用；

○ 理解排班的原则；

○ 掌握排班的规则；

○ 掌握排班系统的组成。

能力目标：

○ 能够拟定排班管理制度；

○ 能够制定并优化排班表。

素养目标：

○ 具有高度的责任心与细致的工作态度；

○ 具有良好的时间管理与计划能力。

任务描述

小莫担任店长的门店开业不满一年，属于新店。商圈主要是周边住宅区，因此工作日客流一般，非工作日客流较大。门店共有 10 名员工，小莫是店长，还有高级店员 1 名，中级店员 2 名，初级店员 4 名，实习生 2 名。

知识储备

一、排班制度的制定

（一）排班管理

门店排班是门店管理的有效工具，涉及门店人员的使用效率、员工休息、对客服务等重要方面。排班也是控制门店人事成本的重要方法。合理有效的排班，可以发挥以下作用。

1. 确保门店各系统的正常运转

人员是门店各项工作的基础，将合适的人员排在合适的时段，执行相应的职能，能够保证门店的订货、盘点、培训等工作有序进行。正确执行排班工作，是保证门店正常运营的必备因素。人员排得过多或过少，均会对门店造成负面影响。

（1）人员过多。人员过多会造成无法满足个别员工的工时需求，无法安排适当的训练与练习机会，从而造成员工士气低落和员工素质下降。

（2）人员过少。人员过少将降低门店的服务水准，影响顾客满意度，最终导致营业收入降低，同时会使离职率提高。

 议一议

你见过排班表吗？你将怎样编排班级值日生表？

2. 减少门店的人工成本

利用科学的排班方法，根据小时营业额的波动，合理安排工时，可以在保证运营的同时，最大限度减少工时的浪费。有效地管理用工量，才能有机会达成创造利润的目标。

3. 有效提高员工工作效能

利用新老员工的合理搭配和工作高峰与低谷的灵活调配，既可以保证在低峰时段为员工提供必要的训练，又可以利用高峰时段对员工进行工作能力提升训练。

4. 保证员工的身心健康

根据劳动法和员工的双重要求，通过加强与员工的沟通，合理安排休息，可以有效保证员工的身心健康。良好的排班方式可以提升员工的士气，降低员工的离职率。

● 拓展阅读

《中华人民共和国劳动法》中关于工作时间和休息休假的条款

第三十六条　国家实行劳动者每日工作时间不超过八小时、平均每周工作时间不超过四十四小时的工时制度。

第三十七条　对实行计件工作的劳动者，用人单位应当根据本法第三十六条规定的工时制度合理确定其劳动定额和计件报酬标准。

第三十八条　用人单位应当保证劳动者每周至少休息一日。

第三十九条　企业因生产特点不能实行本法第三十六条、第三十八条规定的，经劳动行政部门批准，可以实行其他工作和休息办法。

（二）排班原则

排班时要兼顾员工和运营的需求，要在两者间取得平衡。排班原则如下。

（1）公平原则。对待门店所有员工一视同仁，确保排班过程的公平性。

（2）轮换原则。保证每位员工班次的合理轮换。

（3）人效原则。充分发挥人效，将人力运作的效果最大化。

（4）高峰期人力配置原则。依据门店销售高峰期的时间分布，适当、适时地安排门店人力配置。

（5）灵活调整原则。保持门店排班的机动性和弹性，以便应对特殊情况下的调整。

（6）安全运营原则。考虑门店运营安全等诸多因素，确保门店管理组（至少一人）始终在场。

知识拓展

店长排班注意事项

1. 新老员工搭配

新员工刚来，对店面和商品的情况还不是很了解。因此，店长在排班的时候需要安排一位经验丰富、行事稳健的老员工与新员工搭配。这样的安排旨在通过老员工的帮助，防止新员工在工作中因不熟悉工作内容和商品知识而出现问题，同时也起到传帮带的作用。

2. 工作表现积极的员工与表现相对差的员工搭配

这种搭配不但能让优秀的员工帮助较差的员工，感染和影响较差的员工提高执行力，形成潜在的竞争机制，而且也能让较差的员工认识到自己的不足，督促自己自觉进步。这种互补搭配有助于提高员工的工作积极性，并逐步引导员工趋向积极正面的心态，全面提高员工士气。

3. 不宜安排具有老乡、同学、亲戚关系的员工共事

遵照亲属回避的原则安排人员。因为这些员工的关系密切，在工作中容易出现不诚实行为，或在出现非正常事件时无人监管、提醒或防范。员工之间都做老好人，不监督、不管事，甚至上班时间谈笑风生，影响工作效率和秩序。

4. 不宜将两位平时表现都好或者都不好的员工安排在一起

将两位表现好的员工组合在一起会造成资源浪费，也没有真正发挥他们"榜样"的影响价值。将两位表现不好的员工组合在一起工作，可能会因为工作责任不清、商品知识匮乏、销售技能不足等问题而影响店面整体销售，容易出现管理漏洞，造成隐患或风险。

（三）排班管理制度

1. 排班负责人

排班负责人（统称排班经理）应由门店管理组人员担任，定时进行轮换。

2. 排班经理的职责

（1）根据门店的历史数据，分析门店人力成本及人员效率。

（2）了解门店员工的组成状况及可排班时间。

（3）预估门店未来周期内的营业额，并及时确认调整。

（4）根据要求及时制定并公布员工排班表，同时合理安排训练人员及班次。

（5）根据门店需要调整排班表。

（6）依照历史记录与趋势预估营业额。

（7）门店员工出勤状况沟通与辅导。

3. 排班规则

安排一个合理有效的班次，对于整体的销售业绩提升会有一定的帮助。排班具体规则如下。

（1）排班表应该每月安排一次，并至少在月底前公布。

（2）门店员工按照每月休息四（三）天进行排班。

（3）按门店运营时间，建议一天排三个班次，这样能实现较完善的管理。

（4）员工连续休假不能横跨两个星期且总天数不能超过四天。连续休假最多三天，且需经过门店店长核准。

（5）员工休假应根据人数总量，每个星期均衡休假，不得在某一周集中多人休假，而某一周又没有安排人员休假。

（6）门店管理组即使应该在同一天休假，也不应该排在同一个班次（除非有特别的需求）。

（7）当门店只有一位管理组人员时，应该被安排在中班。有两位时，应该分别被安排在早班和晚班。偶尔因为训练的需要，可将他们安排在同一个班次。

二、排班表的系统组成

排班系统主要由班次组成。班次是员工上下班的时间标准，也是考勤标准，具体可分为以下几类。

1. 基本班次

班次定义了员工一天的上下班时间及规则。班次是由多个班段组成的，班段有以下四种类型。

（1）固定班段。固定班段指上下班时间固定的班段。例如，指定上下班时间为 8:00—12:00。

（2）自由班段。自由班段指上下班时间是由员工自由掌握的。例如，允许员工 7:00—9:00 的任一时刻上班，11:00—13:00 的任一时刻下班，但要保证上满 4h。

（3）休息时段。在一个班段内部，允许存在多个休息时段。

（4）用餐时段。用餐时段同休息时段类似。用餐时段可分为两类：固定用餐时段和自由用餐时段。例如，规定中午 11:30—12:30 用餐，叫作固定用餐时段；允许中午 11:00—13:00 之间用餐，但规定用餐时间只能是 1h，叫作自由用餐时段。如果规定员工可以在 11:00—12:00、11:15—12:15、11:30—12:30 等时段中自由选择一个时段用餐，则可称为浮动用餐时段。

由上面 4 种类型组合而成的班次，称为基本班次。其中，休息时段或用餐时段是从属于某个班段的，这样组成的班次能够适应大部分的情况。除了规定上下班时间规则外，班次设定还要规定，怎样才算迟到、早退，怎样才算缺席、旷工，以及其他可能出现的异常等，如包含用餐时段的班次，会发生用餐超时的异常情况。

2. 特殊班次

（1）休息。休息作为一个特殊的班次，指明了当天不用上班。但指定休息并非指定当天是周日或节假日。指定休息仅仅是指定当天不用上班。

（2）自由上下班。自由上下班指员工没有明确的上下班时间规定。例如，规定员工当天 7:00—19:00 可自由上下班（多个班段），只要保证上足 8h 即可，或者根据实际工作时间计算工时。周六周日自由加班就是属于这种情况。

3. 互斥班组

将多个互斥的基本班次组合在一起，构成一个互斥班组。所谓互斥，是指各个班次其上下班时间相互不交叉。在实行两班倒或三班倒制度时，采用互斥班组可以有效地减少排班的工作量。

以上所说的班次，适用于门店中的普遍情况。通过排班管理系统，可以综合分析每个员工的技能水平、熟练程度、个性化需求、历史数据等各方面因素，进行科学合理的排班安排。

◉ 任务实施

1. 实施内容

门店营业时间是 9:00—22:00。门店共有 10 名员工，其中店长 1 名，高级店员 1 名，中级店员 2 名，初级店员 4 名，实习生 2 名。小莫作为店长，要制定排班表。

2. 实施要求

根据营业时间，每天设立三个班次，并结合客流情况，制定合理有效的排班表。

3. 实施步骤

（1）准备工作。排班前需先准备空白排班表（见表5-2）。

表5-2 空白排班表

月 排 班 表

制表日期：　年　月　日

序号	日期\姓名	1	2	3	4	5	6	7	8	9	10	11	12	13	14	15	16	17	18	19	20	21	22	23	24	25	26	27	28	29	30	31	出勤天数	休息天数
1																																		
2																																		
3																																		
4																																		
5																																		
6																																		
7																																		
8																																		
9																																		
10																																		
小计	A班人数																																	
	B班人数																																	
	C班人数																																	

核准：　　　　　　　审核：　　　　　　　制表：

填写说明：

（2）预估排班营业额。预估既是一门科学，又是一门艺术，必须依赖充足且正确的资料及经验来完成。预估排班营业额可按照预估小时营业额、预估每日营业额、预估周营业额的顺序进行。

（3）工时预估。排班所需工时数计算公式：所需工时数＝预估时段营业额／小时营业额人员效率。其中营业额人员效率，即根据营业额衡量人员效率，其计算方法为某一计算周期内营业额除以此周期内的总工时，所代表的含义是一个小时的人工能创造的营业额。将员工平均工作效率与预估营业额进行比对，就可以得出所需的工时数。

（4）依序排入人员。①管理组的排班是制定店员排班表的基础。先将管理组排班表记录于每日员工工作时间表上方，并注明值班时段。②为开店、打烊、训练员等人员排班。③安排剩余人员，注意保持各时段人力的均衡与调配，如老员工及新员工的搭配；同时，还需要考虑人员可排班时间范围及预先请假日期。

（5）排班复核要点。确保排班符合人员最新的请假时间；确保每人每天上一次班，检查是否有重复排班的状况；确保所有的班次都有足够的人手；确保排班能够完成已经计划好的例行性活动；确保完成的排班表兼顾了运营和人员两方面的需求。

（6）核准及公布。排班经理排班完毕后，请店长审核，排班表必须在新的月份开始前公布。排班表公布之后，所有员工不得私自换班，若无法来上班，必须按请假规定办理。

💡 **想一想**

> 根据排班规律，结合 AI 科技，能否建立排班智能管理系统？

任务三　门店员工团队管理

◎ **学习目标**

知识目标：

○ 理解门店例会的意义；

○ 掌握组织召开高效例会的要点；

○ 理解团队建设的阶段特点；

○ 掌握适合门店的团队建设活动。

能力目标：

○ 能够完成例会流程；

○ 能够初步完成团队建设的流程。

素养目标：

○ 具有较强的团队协作与沟通能力；

○ 具有较强的领导力与激励能力。

📋 **任务描述**

门店刚开业，老员工是从其他门店调过来的，新员工是门店自主招聘的，员工有 20 岁出头的年轻人，也有将近 40 岁的中年人，员工之间交流很少，关系疏远，甚至出现沟通障碍。小莫作为店长，不但要加强店员间的沟通合作，为了长久发展，还要打造出一支优秀高效的团队。

📊 **知识储备**

一、门店例会的召开

（一）会议管理

对于团队来说，想让信息在最短的时间内以最广泛、最真实、最有效的方式进行传递，会议是一种重要途径。高效地召开会议对于门店店长来说是一项非常重要的技能，使用得好，会给团队带来无限的力量。门店常见会议形式有早会、周会和月会。

💡 **想一想**

> 你主持过会议吗？你参加过最棒的会议是怎样的？

门店例会是对门店管理工作的有益指导，它能够使管理者了解门店经营状况，把握门店经营方向，有效提高门店经营效率，促进门店销售发展。门店例会具体有5个方面的意义。

（1）业绩方面。通过会议使信息或资源能够快速分享，对提升业绩发挥作用。

（2）团队方面。通过开会可以提升团队凝聚力，反省或澄清工作中的失误和误会，同时可以激励年轻人。

（3）政策方面。通过会议可以把公司新政策、市场新动态进行快速传递和执行。

（4）培训方面。进行业务技能分享及培训，提升员工业务水平，例如进行个案分析，提高成功率。

（5）检查方面。及时追踪业务节点，如前期任务完成情况。

（二）例会内容

门店例会主要有早会、周会和月会。

1. 早会

早会由店长（或资深导购）主持，并完成早会记录（限时15min内）。早会的主要内容有：对昨日的工作进行总结；传达公司的最新资讯；各功能组别相互交流工作经验及提示注意事项；介绍昨日的畅销货品及营业额；了解工作现存的问题并及时解决；对当日的工作进行布置及确定目标；调整员工心态。

2. 周会

周会由店长主持，各部主管参加。周会的主要内容有：跟进上次会议事项；总结本周工作，进行销售分析、人事分析、日常运营分析及费用情况、周边竞争情况汇总；就本周存在的问题及待改进之处提出解决方案；制订下周工作计划。

3. 月会

月会由店长主持，每月最后一天召开会议。月会的主要内容有：进行团建活动；月度绩效成果分享；组别分享（服务组、卫生组、货品组、陈列组）；事务总结（规章制度、督导内容等）；店长总结；下月工作安排；优秀员工表彰。

（三）例会质量

门店例会时间有限，在有限的时间里要达到成效，就要提升会议质量，其要点如下：

1. 会议准备充分

细节必须详细，时间安排要精准。需要考虑以下细节：要开多长时间；什么人参加；用不用请"外援"（区域经理或其他需要发言或旁听的相关人员）；哪些议题需要说明；要讲几件事情，如迟到问题、外出登记问题、沟通问题等。

2. 维持好会议秩序

我们要做到以下几点：

（1）开会要准时。会议应准时召开，尽量不要拖延。会议时间应提前告知参会人员，如果是重要人员，要提前一天打电话或发信息提醒，避免耽误会议进程。

（2）店长要先到。店长应先到会场，其他人员应准时出席。对于迟到的人员，可以先示意其不要干扰会场，或是不让其参加，待会议结束后再进行处理。具体处理方式需要根据情况而定。

（3）提醒关闭手机。开会之前提醒大家关闭手机或调至静音状态。告知大家会议时间不长，会议期间尽量不要接打电话。

（4）延时会议的补救方法。如果需要延长会议时间，应事先向与会人员打招呼，告知大家要延时多久，并注意时间控制。

（5）所有问题的提出要经过店长。店员想在会议上发言，要提前告诉店长。店长需对发言内容进行把关，不能让店员随心所欲、天马行空地发言，以确保发言内容符合会议主题。

3. 明确店长在例会中的职责

（1）强调会议目标。明确开会要解决什么问题，是迟到问题，还是售后问题。

（2）保证所有讨论均与议程有关。不要讨论与会议没有关联的内容。

（3）保证每个人都能听懂和理解。这很关键，要让成员了解开会的目的，知道应该怎么做，并能朝着这个方向去做，使标准和结果清晰化。

（4）负责在会议结束时总结。比如，今天会议我们就讲了三个问题，具体是哪三个问题请大家来复述一下，可以采取提问或互动的方式来总结提问。

（5）驱除破坏会议者。对于捣乱或者不认真听讲的店员，一定不要手软，请他离开，不要让他搅乱会议。

二、团队建设的开展

（一）区分群体与团队

在 21 世纪的今日，团队精神越来越被重视。团队并不是一些人的机械组合，在团队建设中，首先要厘清群体与团队的区别。具体区别见表 5-3。

表 5-3 群体与团队的区别

区别要点	群体	团队
构成要素	由不同的个体组成，基于共同的特征或者爱好等	涵盖目标、定位、计划、职权、人员等要素
特点	各个成员都具有群体意识；各成员之间具有共同的群体目标与利益，能够密切协作和配合；群体要满足各成员的归属感需要	以目标为导向，以协作为基础；团队需要共同的规范和方法；团队成员在技术或技能上形成互补
领导力和决策	有明确的领导人，但在没有领导人的情况下，决策可能会变得困难。	团队发展到成熟阶段，特别是在高效的团队中，其组织内的领导权力呈下放的趋势，成员共享决策权
目标	通常跟组织保持一致，且成员间可能会有各自的个人目标。成员会将个体目标置于集体目标之上	目标不仅是组织层面的，还包括成员自身设定的目标，团队成员对这些目标的实现负更大的责任。成员会将个体目标置于集体目标之下
协作性	可能是中等程度的，有时可能会出现消极或对立的情况	表现出较高的协作水平，成员之间互相支持，齐心协力以达到共同的目标
责任	领导者要负很大责任	除了领导者要负责之外，每一个团队的成员也要负责，甚至要一起相互作用，共同负责
技能	成员的技能可能是不同的，也可能是相同的	成员的技能是相互补充的，把不同知识、技能和经验的人组合在一起，形成角色互补，从而达到整个团队的有效组合
结果	绩效是每个个体的绩效相加之和	绩效是由大家共同合作完成的产品

现如今，团队建设已成为门店管理领域的流行概念，打造一支具有超强战斗力的团队，是管理者梦寐以求的事，然而如何识人、用人、留人、培养人……任重而道远！

企业案例

在全国1 000多个职业教育集团中，有个集团名字很特殊：店长职业教育集团（以下简称"店长集团"）。这是唯一一个以特定职业与岗位命名的职教集团，自成立以来，为零售行业输送店长及储备人才近万人。

"在建设现代化职教体系目标指引下，店长集团按照国家示范职教集团建设要求，落实职业教育供给侧改革政策，始终秉持'沟通、协作、分享、创新'的集团办学与运行理念，探索供应链人才一体化培养的职教新模式，打造一个多方受益的载体和平台。"店长集团理事长欧阳丽说。

钟伟楠是广州番禺职业技术学院百果园现代学徒制2016级学徒，入职仅一年就晋升为店长。2020年，他更是成为3家门店的加盟商，以加盟的形式创业，年收入20万元以上，成为学徒加盟创业的优秀代表。

和钟伟楠一样快速成长的还有他的同学肖浩楠。肖浩楠在企业进行在岗学习不到一年的时间里就升任为店长，能熟练经营好一家门店。因其学习能力强、服务意识好，2018年竞聘转岗到公司国际采购部，年收入15万元以上。

两位年轻人的成长和职业教育密不可分。职业教育是基于岗位技能的教育，通过精准人才培养定位，学生可以学习到胜任店长岗位的技术技能。同时，职业教育也要开展课程资源开发与建设。2016年至今，新零售及数字化对于零售业的转型升级不断提出更高的要求，店长集团开展的教学教研及社会服务为助力现代零售业结构调整和转型升级发挥了重要作用。

（二）团队建设过程

门店团队建设将经历5个阶段。

（1）集合阶段。在团队成立初期，需要店长把人员组织起来，了解清楚各自的职责、权利、义务和分工。此阶段要注重促进团队成员之间的交流，为团队后续发展奠定基础。

（2）发展阶段。团队成员交流和相互理解，尝试着解决团队中存在的问题。此阶段对团队成员的协作与沟通能力有较高要求，让他们更多地依靠团队来解决问题。

（3）成熟阶段。团队成员在沟通和协作上已经比较熟练，在解决问题上更加高效，可以开始进行正式工作。此阶段也可以加强团队领导和管理的能力，为日后的工作做好充分的准备。

（4）达成一致阶段。在团队成员彼此理解和信任的基础上，通过更加良好的协作和沟通，达成明确目标，同时保持团队的积极性。

（5）团队发展阶段。团队已经成熟，可以有效地处理团队问题，开始更多地思考和创新。此阶段可以强化店长作为领导者的能力，让团队持续地发展和进步。

（三）团队建设活动

一个团结、和谐、有凝聚力的团队，在工作中能够更加协调、默契，共同完成任务。团队建设已经成为企业必须重视的一项工作。团建活动不仅可以提高员工士气和凝聚力，还可以激发员工的潜在能力，培养创造性思维，建立互相尊重和信任的关系。以下是一些适合门店进行的团建活动推荐。

1. 团建游戏

团建游戏指需要团体协作来共同完成任务的游戏。通过团队游戏，可以促进团队成员相互之间的沟通，增强彼此之间的信任，然后通过多人团队游戏的形式来表现团队成员之间的协作能力。游戏中参与者可以更好地理解自己的身份和同事之间的关系，从而强化协作精神和团队意识。

团建游戏可以根据团队的具体情况和需求来选择合适的类型。例如，如果是新组建的团队，可以选择强调团队协作和沟通能力的游戏；而对于已经建立了一定默契的团队，可以选择一些更富挑战性或策略性的游戏。

2. 体育竞赛

组织门店成员进行体育运动是提高员工凝聚力的一种很好的方式。门店可以组织员工们参加足球、篮球、网球、乒乓球、羽毛球等运动，也可以组织大家一起去爬山、徒步旅行等。

3. 团队拓展训练

团队拓展训练是组织成员参加户外拓展、竞技挑战等较为复杂活动的训练方式，队员们将参与各种挑战，提高沟通、协调和解决问题的能力，此类活动需要成员具有较高的身体素质和心理素质。

4. 团队建设讲座

邀请团队建设专家在门店宣讲，讲座内容以提高团队凝聚力和协作能力为目标，对团建工作进行指导，主要内容包括团队角色分工、沟通与合作技巧、团队目标设置和规划、团队冲突解决等。通过听取讲座内容和参与互动讨论，团队成员能够获得提升团队建设能力的机会。

店长必须要重视团建活动，并根据门店的实际情况制订适合员工的团建计划。团队建设的目标是通过加强员工之间的联系，促进员工之间的互动和交流，从而形成团结和谐的工作氛围，提高员工士气和凝聚力，最终提升门店的整体效益。

练一练

制定一份团队（班级或社团）拓展活动方案。

✓ 任务实施

1. 实施内容

店长召开门店例会，让员工及时了解门店经营状况，把握门店经营方向，有效提高门店经营效率，促进门店销售发展。

2. 实施要求

店长召开月会，由店长主持，在月末时间召开会议。月会的主要内容有：进行团建活动；月度绩效成果分享；组别分享（服务组、卫生组、货品组、陈列组）；事务总结（规章制度、督导内容等）；店长总结；下月工作安排；优秀员工表彰。

3. 实施步骤

（1）准备会议。准备会议阶段需要做到四点：①明确会议议题；②明确要讲的内容；③明确要达到的目的；④明确议题是否符合当下状况。

（2）主持会议。主持会议的过程分为以下三个环节：①前言环节。按时召开会议并介绍议程；②主题环节。围绕例会内容进行讨论，鼓励成员参与；③总结环节。确定达成共识，设定追踪方法，按时结束会议。

（3）会后追踪。会议之后要做好会议纪要，整理完毕后分发给相关人员，特别要对缺席人员传达内容。还要做到及时追踪，对设定了完成时间的责任人进行定期督促，确保他们能按时回馈进展情况。

项目评价

学习目标	评价项目	自我评价（30%）	组间评价（30%）	教师评价（40%）
专业知识（30分）	掌握招聘的方法与程序			
	掌握员工培训的内容			
	掌握排班的规则			
	掌握排班系统的组成			
	掌握组织召开高效例会的要点			
专业能力（40分）	能够完成招聘流程			
	能够完成入职培训的流程			
	能够拟定排班管理制度			
	能够制定并优化排班表			
	能够完成例会流程			
职业意识（30分）	敬业的工作作风			
	精益求精的工作态度			
	协同合作的团队意识			
教师建议		评价标准：A：优秀（≥80分）B：良好（70～79分）C：基本掌握（60～69分）D：没有掌握（＜60分）		
个人提升方向				

项目练习

一、单项选择题

1. 招聘工作的起点是（　　）。

　　A. 发布招聘信息　　B. 制订招聘计划　　C. 确定职位空缺　　D. 实施招聘活动

2. 门店对新员工进行的带训属于（　　）。

　　A. 岗前培训　　　　B. 在岗培训　　　　C. 离岗培训　　　　D. 业余自学

3. 排班中的基本班次由固定班段、自由班段、休息时段和（　　）组合而成。

　　A. 固定用餐班段　　B. 自由用餐班段　　C. 浮动用餐班段　　D. 用餐时段

4. 门店例会的主要目的是（　　　）

    A. 对门店管理工作进行有益指导   B. 娱乐员工，缓解工作压力

    C. 批评和惩罚员工   D. 单纯传达公司最新政策

5. 团队建设逐渐发展成熟的五个阶段应该是（　　　）。

    A. 发展阶段、集合阶段、成熟阶段、达成一致阶段、团队发展阶段

    B. 集合阶段、发展阶段、成熟阶段、达成一致阶段、团队发展阶段

    C. 集合阶段、发展阶段、达成一致阶段、成熟阶段、团队发展阶段

    D. 发展阶段、集合阶段、达成一致阶段、成熟阶段、团队发展阶段

    E. 集合阶段、达成一致阶段、发展阶段、团队发展阶段、成熟阶段

二、多项选择题

1. 在使用熟人推荐法进行招聘时，需要注意的问题包括（　　　）。

    A. 保持对候选人的客观判断，避免"任人唯亲"

    B. 注意可能在门店形成的裙带关系

    C. 对候选人进行思想引导，使其价值观与门店一致

    D. 只关注候选人的个人信息真实性

    E. 确保候选人的流动性低

2. 分析员工培训需求通常包括（　　　）。

    A. 门店分析   B. 任务分析   C. 培训分析   D. 员工分析

3. 预估排班营业额包括（　　　）。

    A. 预估小时营业额   B. 预估每日营业额

    C. 预估周营业额   D. 预估工时

4. 店长在例会中要履行的职责包括（　　　）。

    A. 强调会议目标   B. 保证任何讨论与议程有关

    C. 保证每个人都能听懂和理解   D. 负责在会议结束时总结

    E. 驱除破坏会议者

5. 团队的构成要素包括（　　　）。

    A. 目标   B. 定位   C. 计划   D. 职权

    E. 人员

三、简答题

1. 简述门店招聘的方法。

2. 简述带训工作的步骤。

3. 简述制定排班表的步骤。

4. 简述例会中早会的主要内容。

5. 如何区分群体和团队？

项目六
销售策略制定

项目情境

小莫在公司工作已经一年半了，对门店运营操作层面的工作有了一定的了解，被公司提拔成为店长。他能够稳健地维持门店的日常运营，但是一到月底就倍感头疼，因为业绩指标不够理想，尤其是销售目标总是完成不了。小莫向前任店长请教，前任店长指导小莫说，需要做好目标管理：第一，制定下一个月或者下一个销售周期的销售目标；第二，将销售目标进一步分解到天，甚至更细；第三，做好业绩跟踪，销售业绩如果不理想，需要分析原因，如客流量不足、购买率低、客单价不高等，然后针对性地制定业绩提升策略。

知识结构

销售策略制定	销售目标制定	日常运营销售预测方法
		新店销售预测方法
	销售目标分解	月销售目标分解
		周销售目标分解
		日销售目标分解
	销售业绩提升	客流量提升
		转化率提升
		客单价提升

任务一　销售目标制定

学习目标

知识目标：
- 了解日常运营销售预测的方法；
- 了解新店销售预测的方法。

能力目标：
- 能选择科学合理的销售预测方法；
- 能进行新店的销售预测；
- 能进行日常运营的销售预测。

素养目标：
- 养成实事求是、精益求精的工作作风；
- 将敬畏数据的精神贯穿预算管理全过程。

任务描述

小莫来到门店，打开计算机看着门店近几个月以及去年的销售数据，考虑销售目标该如何确定。在确定销售目标时，需要预测未来可能的销售趋势。销售来源于商圈内的顾客，顾客的购买行为又受到促销活动等多种因素的影响，小莫决定系统性地考虑销售预测的问题。

知识储备

一、日常运营销售预测方法

（一）移动平均法和平滑指数法

1. 移动平均法

移动平均法是从 n 期的时间数列销售量中选取 m 期（假设 $m<n/2$，且数值固定不变）的数据作为观察期数据，求其算术平均数，并不断向后移动，连续计算观测值平均数，以最后一组平均数作为未来销售预测值的一种方法。销售量预测值的计算公式为

$$销售量预测值（\overline{Q}）=最后 m 期算术平均销售量$$
$$=最后移动期销售量之和 /m$$

为了使预测值更能反映销售量变化的趋势，可以对上述计算结果按趋势值进行修正。

$$销售量预测值（Q）=最后 m 期算术平均销售量 + 趋势值 b$$

趋势值 b＝最后移动期的平均值－上一个移动期的平均值

企业范例

利用移动平均法预测销售

某卖场 2024 年 1—9 月产品的销售量见表 6-1。

要求：

1. 用移动平均法预测 10 月份的销售量（假设观察期为 3 期）。

2. 用修正的移动平均法预测 10 月份的销售量（假设观察期为 3 期）。

表 6-1 某卖场 2024 年 1—9 月产品的销售量

（单位：千克）

月份	1	2	3	4	5	6	7	8	9
销售量	550	560	540	570	600	580	620	610	630

第一问：现在要预测 10 月份的销售量，这个销售量就是公式中的销售量预测值，就要计算出最后 m 期的算术平均销售量。$m<n/2$，那么 m 取 3。可以列出计算公式如下：

10 月份的销售量预测值 ＝（620+610+630）/3=620（千克）

第二问：先算出上一个移动期的平均值，即 6、7、8 月的算术平均销售量；再根据公式计算出趋势值。

上一个移动期的平均值 ＝（580+620+610）/3=603.33（千克）

趋势值 b＝最后移动期的平均值－上一个移动期的平均值 =620-603.33=16.67（千克）

10 月份的销售量预测值 =620+16.67=636.67（千克）

2. 平滑指数法

平滑指数法又叫指数平滑法，是在前期销售量的实际数和预测数的基础上，利用事先确定的平滑指数（用 α 表示）预测未来销售量的一种方法。本质上讲，平滑指数法也是一种特殊的加权平均法。平滑指数法的销售量预测值计算公式为

$$销售量预测值（\overline{Q_t}）＝平滑指数×前期实际销售量+$$
$$（1-平滑指数）×前期预测销售量$$
$$=\alpha \cdot Q_t-1+（1-\alpha）\cdot Q_t-1$$

平滑指数 α 的取值范围一般在 0.3 ～ 0.7 之间。

企业范例

利用平滑指数法预测销售

某卖场 2024 年 1—9 月产品的销售量资料见表 6-2，9 月份实际销售量为 630 千克，原来预测 9 月份的销售量为 608 千克，平滑指数 α=0.4。

要求：用平滑指数法预测 10 月份的销售量。

表6-2　某卖场2024年1—9月产品的销售量

（单位：千克）

月份	1	2	3	4	5	6	7	8	9
销售量	550	560	540	570	600	580	620	610	630

10月份的销售量预测值 =0.4×630+（1-0.4）×608=616.8（千克）

（二）月度销售目标预测法

1. 简单的预测方法

销售业绩的考核单位基本以月度为目标，这个考核周期符合绝大多数企业的工作习惯。零售企业为了给一线的楼层主管或是品类主管设置合理的月度业绩目标，首先需要做好对销售目标的准确预测。下面给出某店1—9月份的销售业绩，请预测一下10月份的销售额。主管们的业绩达成与否，与目标预测的准确度息息相关。某店2024年1—9月实际销售额数据见表6-3。

表6-3　某店2024年1—9月实际销售额

（单位：万元）

月份	1	2	3	4	5	6	7	8	9
销售额	9 109	7 955	6 936	7 856	8 579	6 899	7 527	6 987	8 038

可以简单考虑以下几种方法来预测10月份的销售额。

第一种，算术平均法。就是计算1—9月的绝对平均数，得到平均数为7 765万元。

第二种，加权平均法。距离现在越近的数据越有参考价值，所以给1—9月分别赋予了1.0～9.0的权重值，计算过程如下：（9 109×1+7 955×2+6 936×3+7 856×4+8 579×5+6 899×6+7 527×7+6 987×8+8 038×9）÷45=7 610（万元），得到加权平均数为7 610万元。

第三种，移动平均法。就是根据最近一组销售数据来推断未来销售数据的一种滚动预测方法。这组数据可以取3-N个数据，3个月（即7—9月，N=3）移动平均值为7 517万元，4个月（即6—9月，N=4）移动平均值为7 363万元。

第四种，加权移动平均法。也就是前两种方法的综合。3个月移动平均，分别给7-9月赋予1、2、3的权数，（7 527×1+6 987×2+8 038×3）÷6=7 603（万元），求出3个月加权移动平均值为7 603万元；4个月移动平均，分别给6—9月赋予1、2、3、4的权数，（6 899×1+7 527×2+6 987×3+8 038×4）÷10=7 507（万元），求出4个月加权移动平均值为7 507万元。

算完这些数据后需要做的不是立刻上报数据，而是应该首先把前两年10月份真实的销售数据拿出来对比一下，可能会出现当年10月份的销售额大于当年9月份销售额的情况，而我们自己根据数学模型算出来的预测值却都是小于2024年9月份的8 038万元，这是怎么回事？这就是简单预测的方法的弊端，我们需要进一步分析销售规律。

2. 考虑历史背景的预测方法

第一步，寻找历史数据的规律。这个规律就是每月销售额比重。表6-4中，2024年的销售比重是前 3 年月销售百分比的加权平均数。

表 6-4　某店 2024 年销售比重预计

	权重	1 月	2 月	3 月	4 月	5 月	6 月	7 月	8 月	9 月	10 月	11 月	12 月
2021	1.0	9.6%	8.4%	6.7%	8.0%	8.5%	6.5%	7.3%	7.2%	8.2%	9.3%	9.8%	10.5%
2022	2.0	10.6%	7.6%	6.6%	8.4%	8.6%	6.8%	7.0%	7.5%	8.4%	9.1%	9.4%	10.0%
2023	3.0	10.0%	8.2%	7.0%	8.2%	8.4%	6.7%	7.2%	7.3%	8.5%	9.2%	9.0%	10.3%
2024	预计	10.1%	8.0%	6.8%	8.2%	8.5%	6.7%	7.2%	7.4%	8.4%	9.2%	9.3%	10.2%

第二步，预测全年销售额。根据 2024 年全年销售规律，1—9 月应该占全年销售的 71.3%，而实际 2024 年前 9 个月总共销售 69 886 万元，用后者除以前者得出 2024 年预计全年销售额 98 017 万元。

第三步，计算 10 月份销售额。已知 2024 年全年销售额预测值，同时也已知 10 月份占全年销售额的 9.2%。二者相乘即可得到 10 月份预测销售额为 9 018 万元。

一般来讲，利用上面三个步骤做零售预测基本就可以了。预测的准确度取决于销售规律的准确度，也就是第一步非常关键。之所以取前三年历史数据，是为了让销售规律更准确。

二、新店销售预测方法

1. 类比分析法

这个方法也被称作"相似商店法"。假设永辉超市想在南京市玄武区开一家新店，由于它在南京市白下区某一个地点做得非常好，那么它在玄武区就会找一个具有同样地区特征的地点开店。既然能够预测目前商圈的大小和顾客的消费类型，就可以把它们与新的潜在销售区进行比较。这样，我们能通过对目前门店的顾客人口统计信息、竞争状况和销售状况的了解，对某个新店址的潜在规模与销售额做出预测。

类比分析法可以分为三个步骤。第一步，明确顾客定位，主要是指通过调研汇总或利用地理信息系统在地图上确定顾客的位置。第二步，根据商圈中消费者特征将顾客位置进行分类，如核心商圈、次级商圈、边缘商圈。第三步，通过比较现有商店与潜在店址的特征，科学地做出销售预测，找出最佳店址。

然而需要注意的是，发现类似的情况可能并不简单，类比程度越弱，销售预测也就越困难。连锁企业拥有的门店数量越少（如 20 家或更少），类比分析法就越有效。即便是只有一个门店的商家，也能采用这种方法。随着门店数量的增加，分析员有效处理数据就变得越困难。这时就需要引入更多的分析法，如多元回归分析法，以应对日益复杂的数据分析需求。

2. 回归分析法

（1）回归分析的概念。回归分析是指研究一个或多个随机变量（Y_1，Y_2，…，Y_i）与另一些变量（X_1，X_2，…，X_k）之间关系的统计分析方法，又称多重回归分析。通常 Y_1，Y_2，…，Y_i 是因变量，X_1、X_2，…，X_k 是自变量。回归分析是一类数学模型，当因变量和自变量为线性关系时，它是一种特殊的线性模型。

（2）回归分析的步骤。

1）确定变量。明确预测的具体目标，也就确定了因变量。如预测具体目标是下一年度的销售量，那么销售量 Y 就是因变量。通过市场调查和查阅资料，寻找与预测目标相关的影响因素，即自变量，并从中选出主要的影响因素。

2）建立预测模型。依据自变量和因变量的历史统计资料进行计算，在此基础上建立回归分析方程，即回归分析预测模型。

3）进行相关分析。回归分析是对具有因果关系的影响因素（自变量）和预测对象（因变量）所进行的数理统计分析处理。只有当自变量与因变量确实存在某种关系时，建立的回归方程才有意义。因此，作为自变量的因素与作为因变量的预测对象是否有关、相关程度如何，以及判断这种相关程度的把握性多大，就成为进行回归分析必须解决的问题。进行相关分析时，一般要求得出相关关系，以相关系数的大小来判断自变量和因变量的相关程度。

4）计算预测误差。回归预测模型是否可用于实际预测，取决于对回归预测模型的检验和对预测误差的计算。回归方程只有通过各种检验，且预测误差较小，才能将回归方程作为预测模型进行预测。

5）确定预测值。利用回归预测模型计算预测值，并对预测值进行综合分析，确定最后的预测值。

知识拓展 利用回归分析法预测店铺销售额

回归分析法通常适用于拥有超过20家连锁店的连锁企业，用以分析商圈的潜在需求量的情况。虽然回归分析法使用的逻辑与类比分析法有点相似，但它是根据统计数据而非主观判断来预测新店的销售额。回归分析法最初的步骤与类比分析法相同，后来就不一样了。它并不是通过店址分析员的主观经验来比较现有和潜在销售点的特征，而是采用了一个数据等式方法来解决问题。

步骤一：选择合适的衡量指标和变量

用来预测销售业绩的变量包括人口统计数据和每个店铺商圈的消费者生活习惯、商业环境、商店形象、物业条件、竞争状况等多种因素，分析的店铺形态不同则变量也不同。例如，在预测一家新开的珠宝首饰店的销售额时，家庭收入可能是一个重要的因素，而在预测麦当劳店铺的销售额时，每个家庭的学龄儿童数将是一个合适的指标。

步骤二：解析这个回归方程，并用结果预测新销售点的业绩

店铺业绩衡量指标和预测变量数据将用来计算回归方程。回归分析的结论是一个方程式，方程的变量已被指定。

3. 商业引力模型法

目前常见的计算方法是，如果知道商圈内某品类（如食品）的总消费额，那么总消费额乘以该商圈内顾客到某一家门店去购物的概率，就可以估算出该商圈内顾客在

该门店的消费额。为了体现核心商圈、次级商圈以及边缘商圈的不同，对其采取了不同的概率。

假设新开超级市场的商圈有三个层次，第一层核心商圈内的居民户数为 2 000 户，第二层次级商圈内的居民户数为 4 000 户，第三层边缘商圈内的居民户数为 6 000 户。若平均每户居民每月购买的食品和日用品为 500 元，则

核心商圈居民食品和日用品支出总额 =500×2 000=100（万元）

次级商圈居民食品和日用品支出总额 =500×4 000=200（万元）

边缘商圈居民食品和日用品支出总额 =500×6 000=300（万元）

据调查分析，新开超级市场的市场占有率在核心商圈为 30%，在次级商圈为 10%，在边缘商圈为 5%，则

核心商圈购买力 =100×30%=30（万元）

次级商圈购买力 =200×10%=20（万元）

边缘商圈购买力 =300×5%=15（万元）

该新店预估销售额 =30+20+15=65（万元）

尽管如此，在拥有多家竞争门店与多个消费者的情况之下，该方法依然是很不科学的。首先，商圈内不同消费者的购买力不尽相同，不能一概而论；其次，商圈分层的一个基本思路是根据商圈内消费者分布与欲开设门店的距离而定，所以同一层次的商圈内居民距离欲开设门店大致相同，但是如果考虑到竞争对手与同一层次商圈内不同消费者距离不同之后，同一层次商圈内不同消费者到欲开设门店的购物概率便无法做到统一了，而且事实上也不可能相同。因此，按商圈层次来分类计算的方法有很多不足。

为了避免此类问题，理论上讲，应该将其细化到每一个消费者的消费额和购物概率的计算，但这是很不现实的，因此折中后有些公司已经细化到了以居民小区为单位来进行核算，毕竟同一居民小区的购买力及地理位置（即到本店与竞争对手的距离）大致相同。也就是说，如果能够知道商圈内所有居民小区以及其他单位在某品类方面的消费额，以及他们到欲开设门店的购物概率，就可以计算出每个小区以及单位到该门店的消费额，将之加总，即可得该店的销售预测额。商圈内居民小区的消费能力以及某些特定品类的消费额是一个相对固定的数字，可以通过市场调研的方法获得，购物概率确定的主要模型为哈夫模型以及在该模型基础上的改进模型。

在某些情况下，某些特定方法可能更适用。当可获取数据的门店数目小于 20 家时，只能使用类比分析法和商业引力模型法。相反，如果有许多预测销售额的变量时，用回归分析法最好，因为类比分析法等人工分析系统处理在这些复杂的变量时往往显得力不从心。最后要说明的一点是，由于商业引力模型并不经常用到人口统计变量，实际应用中，人们主要把它与类比分析法或回归分析法结合起来加以运用。

当然，还有一些更加简便的销售预测方法，如根据目前商圈内的单位面积效率乘以门店面积即可粗略估计。另外，对于那些不方便使用商业引力模型的小型寄生门店来说可以直接统计门前客流量，然后乘以进店率、成交率与客单价来进行简单估计。通行人流量可

以根据商业区域评判和店址区位调查获取的人潮数据资料进行综合评判。进店率和购买率则可以根据行业均值、本企业系统的历史经验以及竞争门店的观察综合设定。客单价可根据对商业区域顾客平均消费潜力的测算，结合商业区域的特点、区域内同类型同等级门店的观测数据，以及预期门店自身的经营水平进行数值上的调整而综合得出。但是无论哪种方法，可用的资料越多，得到的结论就越准确。所以，如果连锁企业运用所有的方法得到了互相近似的结论，那么这个结论就相对准确。

✓ 任务实施

1. 实施内容

目前小莫所在便利门店面积120m²，每日店前客流20 000人，上月（10月份）销售额为15万元，截止到上月，门店年总营业额达168万元，需要制定下一年度销售目标。

2. 实施要求

店长负责新一年销售目标的预测目标制定，需要详细分析多种可能的影响因素和利用多种方法互相印证。

3. 实施步骤

目标制定的过程共分为六个步骤，从收集数据开始到目标确认结束，这六个步骤缺一不可。

（1）收集数据。数据包括宏观数据和微观数据两大类，宏观数据包括经济增长走势（一般会有专门的智库在做这方面的分析）、政策导向、行业发展、竞争对手策略等数据。微观数据包括公司历史销售数据、促销数据、拓展数据、市场推广数据等。宏观数据用来评估对未来公司发展的影响度，微观数据用来作为目标设定的基础数据。

（2）制定策略。年度目标制定务必策略先行，只有在清晰的策略指导下，才能去制定下一年的销售目标，因为每一个策略都有可能影响到具体的销售数据，目标是策略的具体体现，是公司策略的一种量化手段。而有些公司就是相反的，先有年度销售目标，然后再根据此目标来制定完成目标的其他策略，这是一种本末倒置、投机取巧的方法。例如：拓展策略中的新店开发，是根据年度目标来决定开几家新店呢？还是根据公司发展形势先决定开几家店，再评估新开店的销售目标呢？显然先有策略后有目标更合理，先策略后目标是一种积极的策略思维，先目标后策略是一种消极的运营思维。成熟的策略是目标完成的说明书。策略越明白，销售目标完成起来越轻松，切忌策略都没有搞清楚就盲目地制定目标。没有深思熟虑的策略就没有目标完成的保证。

（3）设置目标。当把策略想清楚并量化后，其实目标就已经有雏形了。正确的目标制定应该树立三个观念：①年度目标制定的过程其实就是销售完成的过程，要深思熟虑；②对目标决策者来说，年度目标不是个人的理想目标，要务实；③一定要将目标分解到可执行的最小单位，关键词是可执行和最小单位。

年度目标包括基本目标、政策目标和若干策略目标。基本目标是年度目标基础值，就是在没有大的突发事件以及策略改变的情况下，当年实际完成的净销售额第二年也一定能够完成，因为销售有延续性。例如，2023 年实际完成净销售值 20.8 亿元（在年中制定第二年目标时，可以用当年的预测值代替），其中 1.8 亿元是大宗交易或关联交易，第二年不确定再有这部分业务，则 2023 年净销售值 19 亿元。19 亿元则是 2024 年目标制定的基础值。2024 年的基本目标是在这个基础值上加上一个正常增长值（可以理解成自然增长），当然这个正常增长值也可能是负数。

净销售又分为原店的净销售和次新店的净销售，原店指非当年新开店铺，次新店指本年度新开店铺（次新店是相对第二年新开店铺的一种称谓）。这两类店铺的基本目标制定方式一样，但过程有区别。原店有完整的 12 个月的销售数据，只需直接加上正常增长值就可得出基本目标。次新店由于当年数据不完整，需要先还原成全年销售额，然后再加上正常增长值，才可得出基本目标。

销售额的"还原"是我们在进行预测、目标制定等环节经常用到的动作，表 6-5 是某品牌专卖店 2023 年的销售数据，上半部分是实际销售额，下半部分是还原后的年销售额。

表 6-5 某品牌专卖店 2023 年的销售数据

（单位：万元）

| 月份 | 还原前 | | | | 还原后 | | |
| | 销售数据 | | | 销售占比 | 销售数据 | | |
	店铺 A	店铺 B	店铺 C		店铺 A	店铺 B	店铺 C
1 月	96	192		10.00%	96	192	79
2 月	84	156		7.80%	84	156	62
3 月	67	120	未开业	7.00%	67	120	55
4 月	80	144		8.40%	80	144	66
5 月	85	134		8.40%	85	134	66
6 月	65	117	48	6.70%	65	117	48
7 月	73	123	50	7.50%	73	123	50
8 月	72	装修	55	7.10%	72	121	55
9 月	82	135	64	8.80%	82	135	64
10 月	93	142	71	9.00%	93	142	71
11 月	98	140	74	9.10%	98	140	74
12 月	105	183	99	10.20%	105	183	99
合计	1 000	1 586	461	100.00%	1 000	1 707	789

店铺 A 是完整的原店，如果没有任何特殊交易的话，则不需要任何处理。店铺 B 是缺 1 个月数据的原店，借助销售规律很容易就能将 8 月销售额还原。店铺 C 是次新店，6 月开业，借助销售规律可预测出全年销售为 789 万元，然后再利用每月占比将 1—5 月销售额还原。789 万元来源于店铺 C6—12 月的实际销售 461 万元除以 6—12 月销售占比 58.4%。将销售还原为整年度和剔除异常销售是设定目标前必做的两个规定动作，也是设定基本目标的必要手段。前者是为了保证数据的完整性和一致性，后者是为了保证销售数据的可持续性。通过以上方法将所有店铺还原成原店销售额，这就是净销售额。

基本目标确定以后，下一步就是将各种策略量化成具体的目标值，可以根据历史策略来量化。总目标由基本目标和策略目标构成，这个总目标不一定是第二年的实际执行目标，还需要进行验证。

（4）验证目标。一般公司没有验证目标这个步骤，其实这个步骤是必不可少的，目标设计团队既要对公司负责，也要对那些负责执行目标的同事负责，所以换一种思路进行验证就变得必要了。设置目标基本上是由上而下进行的，验证目标建议由下而上进行，使用同一种思路不叫验证，那只是验算。这个步骤可以由每个区域的销售负责人来完成，因为他们最了解自己区域的真实情况。但是在验证之前，不要告诉他们公司的目标值，只需要告诉他们公司第二年的策略计划，并由他们自己来量化这些策略在当地可实现的销售额。所以对区域销售人员来说，他们不是在验证目标，而是在制定第二年的目标。

（5）沟通目标。这是一个摊牌的阶段，经过修正的目标被层层下发到主要目标执行者手中，下发目标时要求上级必须面对面地和下级进行目标沟通。目标面对面沟通的意义有三个：①确保目标沟通的合理性，上级务必充分阐述为何设定这样的目标并说服下级接受。②沟通目标完成的方法、第二年工作的重点和方向。③沟通目标的过程也是责任的转移过程，也便于考核和追踪。

（6）确认目标。销售人员领到自己的年终目标后，还需要将目标细分为可执行的最小单位，同时将各种策略"转化"成可执行的行动方案，最后整合成一本目标执行操作手册。此后，公司可以和销售人员签署一个目标承诺书，既彰显目标的严肃性，同时也以文书的方式记录了上下级的沟通过程。

经过深入的学习，我们认识到了销售目标不仅仅是数据的简单罗列和叠加，而是在对外部环境和内部业务相当熟悉的基础上，经由科学严谨的推理得出的结论。其实世界上有无数种方法可以算出无数种貌似合理的目标出来，不同的数据源、不同的权重值以及不同的策略评估方法都会左右最后的目标值。合理的年度目标定义是："目标的制定者"和"目标的执行者"能够彼此互相说服的目标。

 议一议

当采用商业引力模型、回归分析法等手段进行销售预测时，应该如何具体操作呢？

任务二　销售目标分解

学习目标

知识目标：

○ 掌握月度指数的计算方法；

○ 熟悉周权重指数的计算方法；

○ 掌握日权重指数的计算方法。

能力目标：

○ 能够利用月度指数分解月销售目标；

○ 能够利用周权重指数分解周销售目标；

○ 能够利用日权重指数分解日销售目标。

素养目标：

○ 具备目标导向意识；

○ 具备市场洞察力。

🎓 任务描述

　　门店总的销售目标制定之后，小莫还面临着将目标进一步分解，最好是分解成日销售目标。销售目标的分解是为了更加清晰地了解每天销售任务的进展情况，使销售人员每天的工作有明确的方向、可检查标准及落实的措施，并能及时对工作中出现的目标偏差进行修正。分解销售目标是确保销售目标落到实处的关键。

📋 知识储备

一、月销售目标分解

（一）月度指数计算

　　月销售目标分解主要采用月度指数法，就是根据预测目标历年按月（或季节）编制的时间数列资料，以统计方法测定出反映月度变动规律的月度指数，并利用月度指数进行预测的方法。本方法适用于有月度（或者季节）变动特征的经济现象数量预测，如男西装、男衬衫和男西裤都属于男装，它们的月度指数之间的差异较大，见图 6-1。

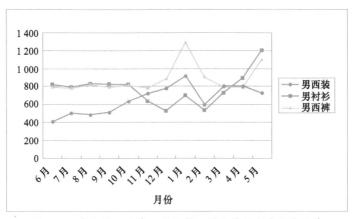

图 6-1　某公司男西装、男衬衫、男西裤的月度销售趋势

预测年各月预测值 = 月度指数 × 预测年趋势值

月度指数 = 各年同月平均数 / 月总平均数

预测年趋势值 = 预测年的月平均数

（二）特殊情况的调整

春节对销售的影响比较大，而每年的春节又在1月底、2月初、2月中三个时间段不停变化，所以，我们需要结合春节的具体日期，做针对性处理。最简单的办法是将1月份和2月份合起来计算，当然也可以在此基础上进一步拆分，拆分的时候要参考过去三年中，过年日期最接近的年份的销售数据占比，或者结合过年日期自己预估。

我们以2016年1月、2月的月度指数为例。根据对2016—2018年过年日期（除夕）的分析，可得出1月、2月的销售占比。一般来说，消费者在除夕前购买的量会比较大，所以除夕在一月底，销售占比更高的是1月份；除夕在2月初，1月份和2月份的销售额差不多；除夕在2月中旬，则2月份的销售占比更高，见表6-6。

表6-6　1月、2月销售占比计算

除夕（过年日期）	1月销售占比	2月销售占比	备注
2016年2月8日	50%	50%	通过以上的数据可以看出，1月、2月的销售基本是各占50%，由于除夕时间不同，差异较大
2017年1月28日	90%	10%	
2018年2月16日	20%	80%	

除此以外，农历中秋季和公历国庆节之间的时间差总是在变化，也会对9月份和10月份的销售影响较大，也需要具体分析。

二、周销售目标分解

周销售目标的分解，与年销售目标分解为月销售目标的思路一样，主要使用到周权重指数，只不过周权重指数在计算的时候，不像月度指数一样计算百分比，而是习惯于用直接的数字来表示。

周权重指数是以某段销售周期内的历史日销售额数据为基础，以周为单位进行权重分析处理的一种管理工具。周权重指数是一个相对的概念，每个品类都不尽相同，一般介于7.0～14.0之间。值越大，表示该品类或者店铺的日销售额波动幅度越大。周权重指数是零售企业用来量化处理各种销售状况、销售事件的管理工具，非常强大。

周权重指数等于周一到周日每天的日权重指数相加。假如每个品类（或店铺）的周权重指数为10.0，其中周一到周日依次为1.0、1.2、1.3、1.2、1.6、1.9、1.8。可以这样简单地理解周权重指数和日权重指数：如果这个品类（或店铺）每周销售额为10.0，那么一般来说，周一可以销售1.0，周二可以销售1.2……权重指数是一个相对值。为了标准化管理，每个零售企业都应该有统一的周权重指数。

但是有一点需要注意，一旦细化到日权重指数层面，因门店位置不同会有较大的差异，所以每个企业在同一品类层面一般只会有统一的月权重指数和周权重指数，但是周一到周日的日权重指数每个店铺可能是不一样的。

下面以A、B两个零售企业及其分店的周权重指数与日权重指数（见表6-7）为例，讲解周权重指数与日权重指数的应用。

表 6-7　企业 A 和企业 B 权重指数

企业或分店	日权重指数							周权重指数
	星期一	星期二	星期三	星期四	星期五	星期六	星期日	
企业 A	1.0	1.1	1.0	1.1	1.3	1.8	1.7	9.0
A 分店 1	0.8	1.2	1.0	0.9	1.6	2.0	1.5	9.0
A 分店 2	1.0	1.1	0.9	1.0	1.5	1.9	1.6	9.0
A 分店 3	1.3	1.2	1.5	1.4	1.5	1.1	1.0	9.0
企业 B	1.0	1.1	1.0	1.2	1.7	2.2	2.0	10.2
B 分店 1	1.0	0.8	1.2	1.3	1.6	2.1	2.2	10.2
B 分店 2	0.5	0.6	0.8	1.2	2.0	2.5	2.6	10.2
B 分店 3	1.2	1.3	1.7	1.3	1.0	1.9	1.8	10.2

　　从企业 A 和企业 B 对比看，企业 B 周末 3 天（周五到周日）占了周总销售额的 58%，而企业 A 这 3 天同样的占比只有 53%，说明企业 B 更依赖于周末的销售。进一步分析，企业 A 的 3 家分店中，分店 3 在周末两天的权重指数合计只有 2.1，只占周末权重指数的 23%，这个店铺极有可能是位于写字楼区域的，因为这个时间正好是写字楼周末休息时间。而在企业 B 的 3 家分店中，分店 2 比较特别，周五到周日的权重指数合计为 7.1，占总权重指数 10.2 的 70%，这说明分店 2 的销售过于集中；分店 3 的情况却正好相反，周末 3 天只占到总销售额的 46%。

　　此处需要注意，周权重指数以及日权重指数可以利用销售额来计算，也可以利用客流数据来计算。销售额比较好采集，所以我们一般倾向于利用前者。而以售卖服务为主的业态，比如手机运营商的营业厅，可能不会产生销售额，就可以利用日客流量作为基础数据进行计算。其他业态如呼叫中心，可用电话接通数进行评估，电子商务网站可用访问量数据来衡量其运营状况。

三、日销售目标分解

　　日销售目标的分解与月销售目标分解为周销售目标的思路一样，主要使用到日权重指数。

（一）日权重指数的常规计算

　　根据周权重指数的计算得出，分店的最小日权重指数有可能小于 1.0。计算分店日销售规律不需要全年数据，有三个月的销售数据就行，一般是最近两个月和去年同期数据。例如，在预测 2025 年 10 月的分店销售规律时，首先，可以收集 2025 年 8 月、9 月以及 2024 年 10 月的数据。这样的好处是既考虑了数据的时效性，又考虑了数据同期的可参考性。其次，根据店铺零售规律对日销售数据进行预处理，剔除异常数据。最后，将剩下的数据以周为单位整理，然后计算出平均日销售额以及平均周销售额。

　　分店日权重指数公式（其中 N 为 1～7）如下：

　　星期 N 的日权重指数 =（星期 N 的平均日销售额 ÷ 平均周销售额）× 企业周权重指数

从这个步骤看，分店的销售规律需要每个月都处理一次，这样的好处是销售规律更有时效性和针对性。但是也可以固定化，不必每个月处理一次，前提是在收集数据时需要收集完整年度而不是三个月的数据进行分析。

（二）日权重指数的特殊处理

在计算分店的日权重指数时，必须对特定日期进行特殊处理。例如，国庆7天假期期间，由于仅有7个销售日的数据，数据量相对较少，这可能导致结果的偶然性较大。因此，有必要扩展分析的时间范围，并引入更多数据源。建议选取过去2～3年的历史数据作为参考，以增强对这些特殊日期权重指数规律的了解。特殊日期可以进一步细分为三类：七天长假和三天假期（依据国务院假日办公告确定）、春节假期，以及促销活动期间。

权重指数旨在为全年365天分配相应的权重值。在非促销期间，每天会被赋予一个标准权重；而在促销期间，则会应用一个考虑了促销等级的特殊权重；对于节假日，则采用特定的节假日权重。通过权重指数，可以将销售目标细化至每日的工作任务中，无论是销售总监、销售经理、销售主管，还是任何一位了解权重指数并进行深入分析的销售人员，都应清晰地了解自己每天的具体目标。日销售目标的分解能够实现数据的透明化、标准的统一化、对比的实质性，从而便于更高效地进行销售管理。

日销售目标计算公式为

$$日销售目标 = 月销售目标 × （日权重指数 ÷ 月权重指数）$$

✓ 任务实施

1. 实施内容

小莫所在门店已设定下一年度的销售目标，接下来需要分解制定出每天的销售目标。

2. 实施要求

基于原有的销售数据，结合商圈特点与特殊日的影响，需基于以往销售数据，同时考虑商圈特性及特殊日期的影响，将年度销售目标转化为月度指数和日权重指数，从而制定出既合理又高效的日销售目标。

3. 实施步骤

（1）数据采集。此阶段需收集企业旗下所有具备完整销售记录的店铺（即在一个完整年度内持续运营的店铺，新店或存在停业情况的店铺不在此列，完整年度可以是自然年或任意连续12个月，例如2023年全年或2023年7月至2024年6月）最近一个完整年度的销售数据。

（2）销售数据。将上述所有完整店铺的每日销售额数据进行汇总，得出企业整体的每日销售额数据。

（3）数据清洗。对日销售数据进行预处理，剔除异常数据，以确保数据能真实反映日常销售趋势，避免数据偏差对分析结果造成干扰。

（4）月度指数计算。将清洗过的数据以月为单位整理，然后计算出月度指数。

（5）日均销售计算。将剩下的数据以周为单位进行整理，然后计算出平均日销售额。

（6）日权重指数计算。找到平均日销售中销售额最低一天的销售数据，设定它的日权重指数为 1.0，然后分别用其余 6 天的平均销售额除以这个最低值，就分别得到每天的日权重指数。

（7）销售目标分解。利用月权重指数乘以年度销售目标，将年度目标分解到 12 个月；利用周权重指数乘以每个月的销售目标，将销售目标分解到每周；利用日权重指数乘以每周对应的销售目标，将销售目标分解到每天，如果涉及特殊的节假日，单独处理。

议一议

某连锁企业 A 品类 2021 年 8 月的目标是 820 万元，总权重指数为 42.1。8 月 15 日（星期日，权重指数为 1.7）的店铺总目标是多少？如果该公司在 8 月 14—15 日做了一场 3 级促销活动（特指预期销售额增加 30% 的促销。同理，4 级促销活动指预期销售额增加 40% 的促销），整月没有其他促销活动，8 月 15 日的品类总目标又是多少？

任务三　销售业绩提升

学习目标

知识目标：

○ 掌握门店客流量生成机理；

○ 熟悉网店转化率相关指标；

○ 掌握客单价生成机理。

能力目标：

○ 能够清晰提出客流量提升的具体思路；

○ 能够清晰提出转化率提升的具体思路；

○ 能够清晰提出客单价提升的具体思路。

素养目标：

○ 通过销售策略的指标分析增强系统思维；

○ 通过对销售策略的手段拓展增强创新意识。

任务描述

为了提升门店业绩，小莫尝试了各种方法，有时候调整陈列，有时候降价促销，有时候还增加销售员的销售提成激励他们积极叫卖，甚至多种方法一起使用。但是，这些方法的效果时好时坏，原因何在？小莫对此一筹莫展。首先，我们要知道业绩不佳已经是结果了，管理干部要从业绩公式出发，一般来说，经营业绩＝客流量×转化率×客单价×复购。业绩不佳的原因是客流量不足还是客单价太低？不同的经营问题，需要采用不同的应对策略，小莫同学又需要进一步思考了。

📋 知识储备

一、客流量提升

1. 门店客流量生成机理分析

一般情况下，我们可简单地认为，客流量＝商圈范围（总人数）×渗透率×购物频率。例如，A超市的商圈范围内总共有15万人，其渗透率约60%，这些被渗透的人群平均每30天到超市3次，则A超市日均客流量＝15万×60%×3/30=0.9万。因此，要想提升客流量，可从扩大商圈范围、提高渗透率、增加消费者的购物频率等方面入手。

2. 从扩大门店商圈范围的角度去提升门店客流量

在影响门店辐射面积大小的诸因素中，不仅有门店所属业态、门店经营面积大小、门店品类分布、门店周围交通设施的便捷程度等相对客观的因素，而且有门店的服务质量、经营管理水平、商品的性价比等主观因素。

在门店规模和业态确定以后，商品的深度和广度其实也就确定了，便利店、超市、大卖场和专卖店都会有较为严格的市场区隔，所以商品组合的跨业态经营，从单店而言并不现实，因为后台的一系列支持难以改变。但是门店的商品组合还是有一定的选择和调整空间的，我们完全可以根据周围商圈消费者的层次以及商圈内竞争者的状况，有所为有所不为，突出自己的经营优势。只要有独特的卖点，就可以避免距离偏远的目标客户被周边的竞争对手所拦截。

顾客抵达门店的便捷性和便利性也是门店商圈覆盖面的一个重要影响因素，我们可以通过增设免费购物班车、改善门店的停车环境、与公共交通部门协商增加到本门店的公交路线或站点等方式来方便顾客到达本门店。

要提高商圈内居民对门店的知晓度，有效利用促销广告和服务质量带来的良好口碑，就是一种很不错的选择。比如，可以有意识地到小区重点组织公关活动，同时分发促销广告，以提高小区居民对本门店的知晓度。

边缘区域的客户是最容易流失的，也是最容易受到竞争对手攻击的。如果能在边缘区域构筑有效的防御体系，那么门店巩固自己的整体市场地位就相对容易了。在边缘区域的营销工作一定要深耕细作，建立起有效的纵深防御系统，如拜访这些地区的客户、开展小区公关活动、保证促销广告传播到位等都是门店必修的基本功。

3. 提高门店商圈渗透率

门店商圈渗透率是指门店所覆盖的核心商圈和次核心商圈中，稳定顾客数量占全部目标顾客数量的比例。门店商圈渗透率其实在某种意义上就相当于门店的市场份额比例。影响门店商圈渗透率的主要因素是本门店相对于那些能够提供给目标顾客的替代性门店的竞争力，如果本门店能够比替代性门店提供更高性价比的商品、为顾客提供更温馨的服务，那么在同等的门店面积大小的情况下，门店的商圈渗透率一定更高。应该说，提供顾客高性价比的商品才是构成顾客满意度评价的核心，当然此处所指的商品一定是高购买比例的商品。如果购买比例比较低，如轮椅，即便价格再合算，也没有多少人会为此而店购物。另外，对于有些商品，如婴幼儿用品，尽管购买比例不高，主要针对特定人群（有小孩子的家庭），但对于特定人群来说，只要其购买频率比较高，同时该类人群在商圈范围内也占有一定份额，该商品也可以考虑作为提高渗透率的商品来重点对待。

4. 提高顾客来店购物的频率

在提升客流量的三个因素中，消费者的购物频率是最基本的。在不同时期、不同地区，消费者的购物频率存在差异。了解消费者购物频率的规律，加上扩大商圈范围和提高覆盖密度等投入，有利于零售商掌握客流量。要想提高购物频率，必须给予顾客多次来店的理由，需要在高购买频率的商品上做文章。如超市的生鲜食品，有的顾客一天会买三次，因此，只要在这样的商品上体现竞争优势，自然会带来客流。如果顾客每次到店里都会发现新的商品，每次都有不同的商品在促销，自然会增加顾客频繁来店的动力。在促销活动的策划上有一个概念叫"月月有活动、周周有主题、天天有惊喜"，就是为了提升顾客来店频率。除此以外，还可以通过会员制积分的手法鼓励顾客多次来店购物。

二、转化率提升

（一）实体门店购买率分析

购买率是指卖场中某一商品部门的停留顾客中购买商品的比率，其计算公式为

$$购买率 = 购买商品的客数 ÷ 停留客数 ×100$$

购买率是商品陈列调整、关联商品调整以及评估商品自身是否存在问题的重要依据。提升购买率主要从人、货、场三个方面入手，具体如图 6-2 所示。

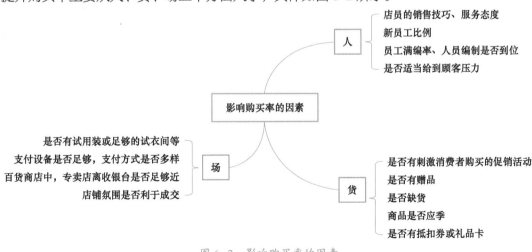

图 6-2　影响购买率的因素

目前在零售领域，顾客的购买行为中有很大比例是冲动型购买，所以商家有必要分析

影响冲动型购买的因素，具体如图6-3所示。同样的道理，要想刺激顾客产生购买冲动，也需要从这些方面入手。

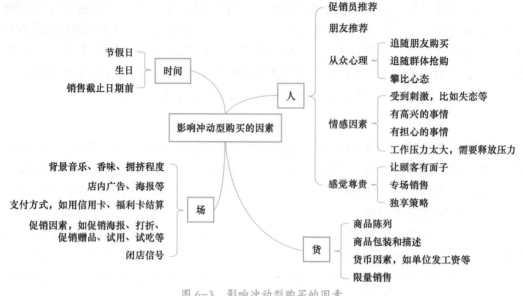

图6-3 影响冲动型购买的因素

（二）网店转化率分析

网店的转化率代表着店铺流量最终实现交易的占比。卖家在前期花费心血和金钱引流，目的就是让这些流量得到转化，引入的流量如果不能被转化为交易金额，那么就是低价值甚至是没有价值的流量。

1. 转化率的相关指标

与网店转化率相关的指标主要有以下几项。

（1）成交（访客）转化率。成交（访客）转化率是指店铺成交访客数量占总访客数量的比例即：成交转化率 = 成交人数 / 总访客数。

（2）自然搜索转化率。自然搜索转化率是指通过自然搜索这样的免费流量渠道而到店的访客中最终达成交易的人数占比。自然搜索转化率的高低可以衡量出自然流量的价值大小。同样的道理，付费流量转化率也是如此。

（3）咨询转化率。咨询转化率是指进店咨询客服后达成交易的人数占所有咨询客服人数的比例。这个数据从很大程度上显示了客服的工作能力。

（4）静默转化率。这个概念与咨询转化率的概念是相对的，指进店没有咨询客服就默默下单的人数占所有访客的比例。这个数据越高，卖家就越省心。从某种程度上来说，静默转化率与商品详情页的描述详细与否等因素密切相关。

（5）订单转化率。订单转化率是指下单人数中最后完成付款的人数占比。这个数据越小，卖家的损失就越大。如果卖家的订单转化率太小，就要安排专门的人员进行催付款工作，以最大限度地减少店铺损失。

（6）地区转化率。地区转化率是指某一地区的成交人数占这个地区来访人数的比例。衡量一个地区是否适合推广某一商品，光流量大是不行的，还要看这个地区的转化率如何。

（7）新（老）顾客转化率。新（老）顾客转化率是指成交数中的新（老）顾客人数占来访新（老）顾客人数的比例。一般来说，老顾客的转化率都是远远高于新顾客的。如果老顾客的转化率下降，卖家就要检查是不是店铺风格、商品风格等因素的变动影响了老顾客的转化率。新顾客的转化率越大越好，毕竟店铺中绝大部分顾客都是新顾客。

（8）关键词转化率。关键词转化率是指商品标题的组成关键词中由每一个关键词带来的来访人数占最终达成交易人数的比例。这个指标是卖家衡量一个商品标题中不同关键词是否需要进行优化的重要参考依据。

2. 转化率的分析与计算

查询店铺转化率的方法有很多，可以在淘宝后台的"数据中心"查看店铺总体的转化率数据，也可以利用卖家工具来查看更为详细的转化率数据。以软件产品转化率（见表 6-8）为例，下载就意味着购买，所以，转化率 = 注册量 / 下载次数。

表 6-8　软件产品转化率

序号	软件 ID	软件名称	下载次数	注册量	转化率
1	27386	英语口语练习	3 795	695	18.3%
2	34491	PEP 小学英语点读机	1 981	321	16.2%
3	40693	英语口语速成王	2 486	452	18.2%
4	40764	英语口语王	3 421	580	17.0%
5	40948	走遍美国学习软件	3 707	776	20.9%
6	40989	英语口语练习软件	6 457	1 600	24.8%
7	41413	视听英语学习王	7 018	2 086	29.7%
8	42372	新概念英语学习机	6 237	2 652	42.5%

对于 B2C 电子商务公司而言，了解页面的访客转化率对网站的装修与改进有非常重要的作用。访客转化率 = 订单访客 / 商品访客数（见图 6-4）。

J2		fx	=D2/B2							
	A	B	C	D	E	F	G	H	I	J	K
1	页面ID标签	商品访客数	商品浏览量	订单访客	订单数	商品数量	订单金额	付款订单	付款金额	访客转化率	订单支付率
2	unknown_tapid	1955	6023	290	333	1255	43672.70	333	43672.70	14.83%	100%
3	monulists	414	1605	92	104	284	9766.40	104	9766.40	22.22%	100%
4	categoryList	391	1448	103	113	333	10101.90	113	10101.90	26.34%	100%
5	pic	179	528	21	23	34	2632.40	23	3632.40	11.73%	100%
6	categoryListSum	172	571	43	47	124	3899.10	47	3899.10	25.00%	100%
7	p_0	31	43	2	2	10	274.00	2	274.00	6.45%	100%
8	p_1	26	41	4	4	5	27.30	4	372.30	15.38%	100%
9	list_top	23	69	0	0	0	0.00	0	0.00	0.00%	0%
10	hotProductShowitem_0	23	35	7	8	9	492.40	8	492.40	30.43%	100%

图 6-4　页面的访客转化率

3. B2C 电商网络营销渠道的效果分析

电商网站转化率是关键，投资回报率（ROI）是最终的目标。投资回报率又称会计收益率、投资利润率。其计算公式为

投资回报率＝年利润或年均利润／投资总额×100%

投资回报率的优点是计算简单；缺点是没有考虑资金时间价值因素，不能正确反映建设期长短及投资方式不同和回收额的有无等条件对项目的影响，分子、分母计算口径的可比性较差，无法直接利用净现金流量信息。只有投资利润率指标大于或等于无风险投资利润率的投资项目才具有财务可行性。

从图 6-5 中可以看出，UV 成本＝投入资金／活动页面访客。此次活动的各营销渠道中，直投广告的 UV 成本最高，付费搜索的 ROI 最高。

H2			f_x	=G2/B2					
	A	B	C	D	E	F	G	H	I
1	来源渠道	活动页面访客	活动占比	渠道总访客	渠道占比	跳出率	投入资金	UV成本	ROI
2	广告网络	36676	78.6%	70530	52.0%	45.7%	30000	0.82	0.44
3	DSP	2881	6.2%	14208	20.3%	39.0%	4902	1.70	0.47
4	直投广告	2217	4.8%	16149	13.7%	79.0%	6396	2.88	0
5	付费搜索	3071	6.6%	20760	14.8%	33.5%	7480	2.44	10.93
6	小计	44845	96.1%	121647	36.9%	48.0%	48778	1.09	1.99
7	直接进入	1798	3.9%	63782	2.8%	35.4%	——		
8	合计	46643	100.0%	185429	25.2%	47.5%	48778	1.05	2.95
9									

图 6-5　网络营销渠道的效果分析

三、客单价提升

客单价是指顾客每次在门店购物时，通过收银台 POS 机记录的每笔消费的总金额。按照品类进行统计，称为品类客单价；按照门店进行统计，称为店客单价；按照时段统计，则称为时段客单价。客单价是分析销售业绩的核心指标之一，提升客单价即提升顾客在商场内单次购物的消费金额，它是最经济、最有效率的营销策略，也是最能体现企业综合经营管理水平的策略。

（一）客单价生成机理分析

客单价的决定因素有两个：顾客属性及商店属性。顾客属性包括顾客生活水平、消费能力、购物习惯等。那么什么可以决定顾客属性呢？最直观的就是选址问题，在此不作探讨。决定客单价的另外一个因素就是商店属性，包括企业的商品价格、卖场规划、商品结构、商品陈列、促销活动、顾客服务等。

顾客能够进到门店里来，基本上都是因为已经具有了某种购买需求，门店除了必须满足顾客的这种"原始"需求之外，还必须创造或引发顾客更多潜在的购买需求，使之增加购买的种类（件数）、尝试更新换代（单价）和增加购买数量（总额）。来自美国宝洁公司的一份消费者购买调查报告显示，消费者在大卖场的购物过程中，平均有 69%的购买决定是在现场做出的。门店现场的购物气氛和购物体验，引发了顾客更多潜在的

消费需求，或创造了顾客新的购物动机，从而实现了更多的交易额。也就是说，目前各个零售企业自己的门店本身就是一座有待深入挖掘的"金矿"。从商店属性角度提高客单价的途径主要有两个：一个是提高来店顾客购买商品的单价，另一个是增加顾客购买商品的数量。

（二）提高顾客所购商品的单价

大部分卖场都想塑造低价的形象，但低价并不意味着全面降价。门店的目标是，通过运用巧妙的价格策略，既强化价格亲民的形象，又能维持较高的平均单价和利润，在不知不觉中提高了顾客所购商品的单价。

1. 卖场里需要高价格、高价值的商品

目标性品类代表商店的形象，是消费者在该商店的首选品类，其价格必须有竞争性，其中敏感单品的价格一定比其他零售商低，大部分商品需要采用天天平价。

而对于常规性品类，其价格与竞争对手接近就行了，大部分商品不用低价销售，对敏感性商品可采用高低价格策略，以刺激购买和塑造商店低价形象。

对于季节性品类和偶然性品类，在旺季时获取适当的利润，季节一过，降价清仓是必然的结果，所以适用高低定价策略。

便利性品类是商店的补充性品类，旨在满足消费者一次性购足的需求，其价格往往不敏感，不必采用煽动性价格，每日合理价格是比较实用的价格策略。

卖场之间互相抄价的现象非常普遍。然而，企业经常面临的问题是，市调员回来之后，仅报告竞争对手的哪些商品价格更低，并据此要求门店调低价格以应对竞争。这里需明确，市调的目的不是只抄录低价商品，更非单纯为了降价，更多的时候是为了涨价，提高品单价和毛利。

值得一提的是，一些大卖场在制订出商品价格之后，马上就出台详细的跟价指数。跟价指数是指企业价格与竞争对手价格之间的比例，比如95%，这意味着，如果竞争对手的价格现在调低为10元，则企业的价格相应调整为9.5元，从而有效避免了门店在竞争过程中因价格调整幅度不当而带来的困扰。一般来说，跟价指数也是根据不同品类的商品分别订出不同的指数，它不一定要低于100%，如某区域龙头企业C类商品的跟价指数可能高达130%，这也是企业在市场调查的时候一定不能只抄低价的原因。

根据品类角色确定价格可以细化到次品类，甚至次品类中的品牌，以帮助零售商获得更高的客单价和更多的利润。例如，口腔护理类中的牙膏、牙刷、漱口水等商品可以采取不同的价格策略。64%的购物者仅购买牙膏，即牙膏类似于目标性品类，其利润可以适当调低。而牙刷的购买频率较牙膏低，其价格敏感性也小，类似于常规性商品，其毛利率可以偏高。漱口水和其他口腔护理产品的销售量很小，类似于便利性品类，可以采用每日合理价格以维持较高的毛利。如果将此概念深入次品类中的品牌，将更有利于零售商单价与毛利的提高。

不同品牌、不同定价思路的比较（见表6-9）就充分显示了这一方法的效果。

表6-9　不同品牌牙膏不同加价率表

商品	成本（元）	场景1		场景2	
		加价率	销售量（箱）	加价率	销售量（箱）
中华牙膏	2.60	5%	50	3%	140
高露洁牙膏	4.40	5%	80	3.5%	180
狮王牙膏	12.00	5%	6	18%	6
竹盐牙膏	7.30	5%	9	9%	5
销售额		6 500.69		1 319.39	
毛利额		30.99		54.89	

产品定价的深入程度，因品类角色不同可以有所不同。对目标性、常规性品类，因其对商店的贡献较大、重要程度较高，可以做得比较深入，如细分到单品层面。但对便利性品类，做到次品类/品牌层面就足够了。

除了通过定价的形式提高品单价，还需要按照价格带划分单品数，并在每个品类中适当导入高价格、高价值的商品。例如，超市引入高端洗发水，一瓶100多元，通过引入高端商品来提高品单价。

2. 主推高价格、高价值商品

如果商店的政策是提高客单价，品类策略就不应该倾向于推动低价、小包装商品的发展，在促销配合与陈列展示上，要着力推广高价格、高价值的商品。当然，这种推广要考虑不同消费群体的购买力差异，以及季节变化所带来的需求变化。

这里有一个"点单价"的概念。把门店全部商品的销售价格相加，再除以门店商品总数量，得出该门店每只单品的平均价格，即为门店的点单价。同理，还可以计算部门的点单价、品类的点单价、DM海报的点单价、动销商品的点单价等。点单价是一个十分有用的参考指标，在门店的商圈等级既定的情况下，参考门店的点单价可以评估门店分销商品的组合和结构是否符合其商圈的购买力水平。当顾客在门店的购买件数不足时，可以分析每周动销商品的点单价与门店点单价之间的差距，找出改善和提升的空间。当DM海报销售占比过低，或顾客的DM海报商品购买件数不足时，可以通过对比DM海报商品点单价与门店点单价之间的差异揭示问题所在。运用同样的思路还可以分析各个商品品类的单品组合价格与顾客购买力水平是否相符，从而及时采取改善措施。

在购买力相对较强的社区，应注重提升中高档商品的比例。某知名零售商希望能够吸引中高收入的购物人群，并成功实现这一目标。但分析其葡萄酒品类时，却发现该品类吸引了大量较低收入人群。也就是说，商店花费很多精力吸引来的中高收入人群却不在该商店购买葡萄酒，原因是该商店葡萄酒品类的产品陈列与促销策略都倾向于低档或不知名品牌。商店发现这一问题之后，对葡萄酒品类进行了优化，陈列从按红葡萄酒、白葡萄酒等分类转为按品牌及产地陈列，并采用了典雅的深色木质架与柔和的灯光。同时，促销也开始侧重于高价值商品，葡萄酒品类的销售量很快就实现了17%的增长。

在购买力弱的社区，面向家庭消费的大卖场在促销的时候应优先考虑推出大规格、大包装或捆绑装的商品，既让顾客有价廉物美之感，又可最大限度地提高客单价，引导顾客形成多买更划算的消费理念。

观察当前市场不难发现，在大型超市内，方便面产品更多地以大容量包装形式出现：洗衣粉则呈现出包装规格日益增大的趋势，超大包装产品屡见不鲜；此外，洗发水促销活动也主要聚焦于大容量（例如1 000ml）产品。这些现象均为商家精心策划的有效策略，旨在有效提升客单价。

当前，众多零售企业频繁采用鸡蛋特价销售以及青菜、白菜等低价蔬菜促销策略来吸引客流量，这种做法本身无可厚非，但关键在于时机的把握。例如，在春节这一特殊时期，应将此类单价低、损耗高的商品从主通道或显眼位置撤下，甚至避免在宣传海报中突出展示。因为在此节日期间，消费者往往不会因鸡蛋降价或青菜便宜而特意前往购物，他们更为关注的是哪家卖场提供的节日商品更为丰富、全面。

因此，经营者应立足于自身的盈利点，将具有价格优势（即高价位、高价值、高毛利）的商品置于主通道或货架的黄金位置，即所谓的"T型展示区"，以此逐步引导消费者购买商家精心挑选的商品。

某企业在春节前的一个月内，严格规定杂货、百货类商品中，零售价低于5元者，禁止进行任何促销活动，亦不得设置堆头陈列，仅保留货架上的正常展示。此策略虽看似激进，但细思之下，春节前后短短数日，若一味沉迷于低价促销，那么余下的时间经营策略又将如何规划？因此，我们需充分利用每个有利时机，积极推动高价位、高价值商品的销量增长。

（三）提高顾客购买的单品数

仅仅依赖提升商品单价来增加客单价，其效果具有一定的局限性，且过度依赖此策略在实际运营中极为困难且不切实际，因为它可能会导致顾客购买总量的下降以及进店顾客数量的减少。

在门店运营实践中，对于一家日均客流量达到数千人的大型超市而言，如果每位顾客的平均购买商品数量能有所增加，即便是两个商品，也将意味着超市每日的客流量等效增加了上千人。即便增幅未能达到两个商品，只是增加一个或半个商品，其累积效应也相当于为超市引入了相当数量的新顾客流量。在当前超市行业竞争异常激烈的环境下，通过常规手段每日吸引上千新增顾客并非易事，且往往需要巨大的降价损失和促销费用投入。

因此，我们将提升顾客在店内的购买商品数量视为提高客单价的关键途径。例如，让一个原本每月在鲜肉品类上消费100元的顾客，将其购买金额提升至150元，并不仅仅局限于鲜肉产品，而是引导其同时购买鱼类、熟食、蔬菜、加工食品等其他商品，这并不是一件容易的事。它要求企业必须在商品组合策略、卖场布局优化以及营销手段创新上做出显著的努力和提升。

1. 通过买赠活动提升客单价

我们常见到，情人节送玫瑰花、母亲节赠康乃馨，以及百货商场推出满额赠券等活动。你推"满四百赠四百"，我则推"满三百赠三百"，紧接着又有人推出"满一百赠一百"，竞争愈演愈烈，价格底线不断被挑战。在这场激烈的较量中，我们往往难以明确其优惠力度的依据，通常只是由业务部门进行成本核算，只要确保尚有盈利空间便予以实施。"购物满 A 额即赠 B"，此类活动力度的设定需综合考量两大因素：一是客单价，二是毛利率。对毛利率进行考量，主要是为了确保在送出所赠 B 项之后，商家依然能够维持利润。业务部门大多侧重于毛利率这一方面，却很少顾及客单价的问题。倘若能够将客单价纳入考量范围，或许可以避免 A 额数字的持续下滑。

我们必须积极地将促销活动与提升客单价紧密结合，确保设定的 A 值（满额条件）适度高于当前的平均客单价水平。例如，若门店的平均客单价为 60 元，则可策划"满 80 元即享赠品"或"满 80 元特惠换购精选商品"的活动，以此激励顾客增加消费金额。对于客单价偏低的门店，此类活动更应作为核心推广策略，甚至需依据门店实际情况进行个性化定制。

若 A 值设定过低，如 50 元，则优惠门槛难以发挥提升客单价的作用，仅成为吸引客流量的噱头。反之，若 A 值略高于当前客单价，如 80 元，则能有效激发消费者的购买动力，促使他们增加消费以达到这一门槛。

在实施买赠活动时，需明确区分实物赠品与赠券的不同。尽管赠券在财务核算上可能较为复杂，但两者思路相似。实物赠品价值应略高于平均客单价，以增强吸引力；而赠券则需考虑其促进连带消费的特性，设定时不宜直接高于当前客单价，而应巧妙与品单价错位，利用购物券不找零、需补足差额的特点，进一步提高客单价。

例如，若赠送 200 元购物券，而店内多数商品单价集中在 198 元左右，则此类活动可能成为纯粹的让利活动，失去提升客单价的意义。因此，在价格战竞争中，应保持 A 值稳定，通过调整 B 值（如赠券面额或实物赠品价值）来刺激消费，增加购买量，从而实现客单价的有效提升。

2. 延长客动线，增加购物机会

延长客动线、增加购物机会也是提升客单价的关键。超市需遵循超市布局的一般原则，精心规划顾客购物路径，确保全面覆盖各商品区域，让顾客满载而归。鉴于实际因素的限制，超市布局难以尽善尽美，故需巧妙运用现有资源，延长顾客停留时间。

为此，需精细规划磁石商品与区域的布局，以及电梯、收银台等关键设施位置，同时优化陈列线延伸与休息区设置。例如，将生鲜区作为磁石，巧妙置于超市深处，引导顾客穿越食品与非食品区，顺路选购洗衣粉、牙膏、牛奶等日常用品。此外，可利用特价商品打造新磁石点，将特价生活必需品置于隐蔽区域，激发顾客探索欲；将整箱牛奶与方便面置于出口附近，方便顾客携带；在自动扶梯两侧悬挂小包低价零食，引发顾客即兴购买。通过这些措施，打造让顾客流连忘返的购物环境，使其增加购物数量。

3. 关联陈列与组合包装

关联陈列与组合包装是提升客单价的核心策略。关联陈列需依据商品间的内在逻辑联系及顾客的购物偏好进行细致规划。例如，将饼干与各式饮料相邻陈列，旨在激发顾客的连带购买欲望；又如，将面包与果酱、方便面与火腿肠等互补商品并排放置，打造"即选即购"的便捷体验，有效防止顾客因需求未得到即时满足而流失至其他店铺。在此过程中，购物篮分析作为一种高效工具，对于精准实施关联陈列策略至关重要。

组合包装则是另一项提升客单价的有效举措。通过巧妙搭配，如将薯片与瓜子组合销售，吸引对这两类零食均有偏好的消费者；在冬季火锅旺季，将火锅底料、调味小料及精选羊肉等食材打包推出，形成诱人的组合套装。此时，组合装的定价艺术显得尤为重要，它不应仅仅是单品价格的简单累加，而应通过优惠折扣或赠品等形式，彰显组合购买的独特价值，使顾客在享受实惠的同时，自然而然地增加消费额度，从而有力推动店铺销售额的稳步增长。

✓ 任务实施

1. 实施内容

店长召开门店经营会议，让员工及时了解门店经营状况；分析门店销售过程中存在的问题，尤其是销售业绩的关键指标，如客流量、转化率、客单价等；针对存在的问题，制定相应的业绩提升方案。

2. 实施要求

店长准备好相关数据，基于销售数据进行细化分析。

3. 实施步骤

（1）数据收集。数据收集阶段需要做到四点：①明确收集哪些数据及这些数据的具体范围和类型；②明确收集来源；③制订数据收集计划；④选择合适的数据收集方法。

（2）销售业绩追踪。

1）利用极值来追踪销售。销售中有很多极值（包括极大值和极小值）可以用来追踪销售，比如店铺日/月销售额最高纪录，黄金周销售高峰值，店庆销售最大值，历史最低销售额，等等。销售就是一个不断突破自我的过程，优秀的销售人员非常享受这个突破的过程，所以好的追踪手段就是引导销售人员不断突破自己的最高纪录，同时把自己的最低纪录不断抬高，为此企业甚至还可以设置一些突破奖和奖品。

2）用预测值来追踪销售。我们常常习惯于用销售完成率来追踪销售，但是完成率的缺陷是同一个时间节点在不同区域的完成率很可能没有可对比性（因为销售节奏可能不一样）。完成率是历史数据的对比，预测是对未来的预估。

（3）销售业绩提升策略制定。销售追踪在刺激一线销售人员、提升销售额上确实发挥了非常大的作用，但是追踪、发现问题只是销售的一部分，关键还是要找到问题的答案。图 6-6 是一张模拟杜邦分析法做出来的销售额层次分解图，它将销售额分成两部分三个层次，相邻的指标间是相乘的逻辑关系。这张图虽然只有 10 个指标，但是要把这些指标用好却不简单。这些指标是提高零售店铺销售额的关键。哪一项指标低，就针对性地制定相应的业绩提升策略，以便针对性改善。

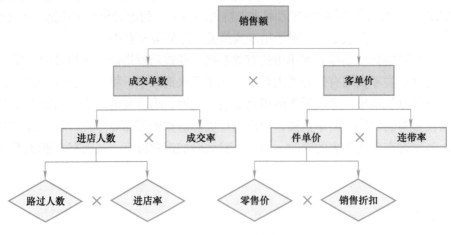

图6-6 销售额层次分解图

议一议

探索校园餐厅内的某个档口或者校门附近的某家小型店铺，利用杜邦分析图进行简单诊断并据此提出业绩提升方案。

项目评价

学习目标	评价项目	自我评价（30%）	组间评价（30%）	教师评价（40%）
专业知识（30分）	掌握销售目标制定的方法			
	掌握销售目标分解的方法			
	掌握业绩追踪与提升的基本方法			
专业能力（40分）	能够利用多种方法进行销售目标的制定			
	能够计算月、周、日权重指数			
	能够将销售目标分解到日			
	能够基于问题进行针对性业绩提升			
职业意识（30分）	养成实事求是、精益求精的工作作风；			
	将创新精神贯穿业绩提升策略分析过程			
	增强创新精神与系统思维			
教师建议		评价标准：A：优秀（≥80分）B：良好（70～79）C：基本掌握（60～69分）D：没有掌握（<60分）		
个人提升方向				

项目练习

一、单项选择题

1. 从 n 期的时间数列销售量中选取 m 期（假设 $m<n/2$，且数值固定不变）的数据作为观察期数据，求其算术平均数，并不断向后移动，连续计算观测值平均数，以最后一组平均数作为未来销售预测值的一种方法是（　　）。

    A. 平滑指数法　　　B. 移动平均法　　　C. 类比分析法　　　D. 回归分析法

2. 一般来说，除夕如果在 1 月底，则常规零售店铺 1 月份的销售比 2 月份的销售（　　）。

    A. 大　　　　　　　B. 小　　　　　　　C. 基本持平　　　　D. 无法确定

3. 周权重指数越大代表该品类或者店铺的日销售额波动幅度（　　）。

    A. 越大　　　　　　B. 越小　　　　　　C. 不变　　　　　　D. 不确定

4. 日销售目标公式是（　　）。

    A. 日销售目标 = 年销售目标 × （日权重指数 ÷ 月度指数）

    B. 日销售目标 = 月销售目标 × （日权重指数 ÷ 月度指数）

    C. 日销售目标 = 月销售目标 × （月度指数 ÷ 日权重指数）

    D. 日销售目标 = 年销售目标 × （月度指数 ÷ 日权重指数）

5. DM 海报商品的点单价如果低于门店的点单价，则（　　）。

    A. 会拉低门店客单价　　　　　　　　B. 会拉高门店客单价

    C. 无法判断　　　　　　　　　　　　D. 门店客单价不变

二、多项选择题

1. 周权重指数以及日权重指数的计算可以利用（　　）来计算。

    A. 销售额　　　　　B. 客流数据　　　　C. 利润率　　　　　D. 转化率

2. 权重指数概念适用于（　　）。

    A. 百货商场　　　　B. 超市　　　　　　C. 服装专卖店　　　D. 药店

3. 月度指数法在零售行业应用广泛，随着季节的变化，（　　）会随之发生变化。

    A. 销售业绩　　　　B. 销售计划　　　　C. 销售人员　　　　D. 销售目标

4. 决定客单价的两个属性因素是（　　）。

    A. 顾客属性　　　　B. 商品属性　　　　C. 商店属性　　　　D. 价格属性

5. 为了提高客单价，在堆头和端架位置应该陈列（　　）。

    A. 高单价商品　　　B. 大包装商品　　　C. 实惠的商品　　　D. 迷你包装商品

三、简答题

1. 简述如何利用商业引力模型进行销售预测。

2. 简述如何利用回归分析进行销售预测。

3. 简述如何提升客流量。

4. 简述如何提高客单价。

5. 简述如何提升转化率。

项目七

门店绩效评估

项目情境

　　小莫在为期两年的工作中，对门店运营的具体实务操作流程，包括环境管理、顾客服务、商品管理、人员管理和销售策略都有了一定的了解。从最初的管培生逐渐成长为一名有担当、有魄力的店长，面对公司下达的各项门店考核指标，小莫均能协调完成，唯独门店财务方面的绩效评估使他犯难。此时，小莫需要学习更多的知识来进行门店财务方面的绩效评估。

　　正确的门店绩效评估依托详尽的数据计算与深入分析，能够揭示门店绩效的优劣，降低开店的失败率；有效的绩效评估还可以修正运营管理决策的错误、避免浪费，其重要性不言而喻。小莫接下来将从销售业绩评估、毛利评估和费用评估三个方面进行门店绩效评估的学习，为门店的整体业绩改进提供有效信息，做到增加销售收入、减少运营成本、提高门店利润，确保门店的盈利水平。

知识结构

门店绩效评估	门店销售业绩评估	总销售额分析
		销售结构分析
		销售诊断分析
	门店毛利评估	门店毛利计算
		门店毛利分析与评估
	门店费用评估	门店费用的构成
		门店费用分析与控制

任务一　门店销售业绩评估

学习目标

知识目标：

○ 掌握门店总销售额分析方法；

○ 了解门店销售结构分析方法；

○ 了解门店销售诊断分析的方法。

能力目标：

○ 能选择合适的指标分析门店销售额；

○ 能正确分析门店销售结构；

○ 能有效进行门店销售诊断分析。

素养目标：

○ 具有实事求是的工作态度、严谨务实的工作作风；

○ 具有精益求精、不断追求卓越的工匠精神。

任务描述

小莫来到门店，看到门店近几年的销售数据，想要了解近几年门店的销售业绩；想知道门店现行销售是否存在问题、销售趋势是否正常、销售结构是否合理，以及销售现状是否符合预期等。面对众多的销售数据，小莫一时间犯了难。

知识储备

一、总销售额分析

总销售额是指企业在一定时期内，通过销售商品或提供服务所获得的总收入。它通常以货币形式的金额来衡量，是衡量企业销售业绩和盈利能力的重要指标之一。总销售额通常由商品销售额、附加值销售额、合同销售额和其他销售额组成（见表7-1）。

表7-1　总销售额组成项目及内容

项　目	内　容
商品销售额	企业销售的商品或服务的总价值
附加值销售额	企业在商品或服务上增加的价值，如礼品包装、配货到家、到期延保、安装和维修等
合同销售额	企业按照合同约定实现的销售额，如团购或大宗采购等
其他销售额	不属于以上类型的销售额，如外包装拆除、废品等资产处置收益等

对于门店来说，总销售额通常指商品销售额，其计算公式为

$$总销售额 = 销售数量 \times 单价$$

式中，销售数量是企业销售的商品或服务的数量；单价是单位商品或服务的售价。

思考

顾客在 A 店充值 1 000 元，门店当天就已经把这 1 000 元算成门店的销售额。顾客隔天到 B 店用充值卡消费 1 500 元，B 店的销售额是多少？

参考答案：首次充值已算作 A 店的销售额，以不重复计算为原则，在 B 店消费时所产生的 1 000 元不再重复计入，但新增的 500 元消费可以作为 B 店的销售额计入。

思考

A 店做活动，在某平台上放货，每销售一件商品，平台可以获得销售单价 5% 的提成。当天卖出去 20 件，单价 80 元，A 店当天销售额是多少？

参考答案：A 店当天实际销售额为 1 600 元，在扣去平台费用后，可以计入 A 店当天的净销售额是 1 600 元 ×（1-5%）=1 520 元。

销售额的周期性分析可以帮助企业了解销售业绩的变化趋势和规律，从而制定更加合理的经营策略。常见的周期性分析指标包括同比增长率、环比增长率、销售达成率、季节性指数等。

（一）销售额同比分析

销售额同比分析是指比较当前期间的销售额与上一期间的同期销售额。同比分析可以帮助企业了解销售业绩的增长或下降趋势，常用于评估企业销售策略的有效性，了解企业市场竞争力及市场需求变化，从而指导决策和制定销售策略。在销售额同比分析中，同比增长率是一个重要指标。

同比增长率的计算公式为

$$同比增长率 =（当前期间的销售额 - 上一期间的同期销售额）\div 上一期间的同期销售额 \times 100\%$$

知识拓展

同比增长率是评估营销活动效果的重要工具。在企业促销期间，如果销售额的同比增长率明显高于平时，此次促销活动就是有效的，可以继续推进；另外，同比增长率还可以用于检测市场趋势和竞争对手情况。如果发现竞争对手的同比增长率明显高于本企业，那么竞争对手的商品或策略可能更符合市场需求，本企业需要及时调整策略，迎头赶上。

思考

小莫所在门店本月的销售额为 20 000 元，而上月的销售额为 16 000 元。为了计算同比增长率，需要以去年同期销售额为基准进行比较。经查，该门店去年同期销售额为 10 000 元，那么本月的同比增长率是多少？

参考答案：

经计算可知，该门店本月的同比增长率 =（20 000 - 10 000）÷10 000×100%=100%。也就是说，本月销售额比去年同期增长了 100%。同时，本月的销售额是上月的 1.25 倍（20 000/16 000）。

同比增长率的优点在于它消除了季节性因素和基数大小的影响，可用于说明本期发展水平与同期发展水平对比而达到的相对发展速度，使得不同时期、不同规模的比较更加公正。但是，同比增长率也存在不足之处，当销售额出现极低值或极高值时，可能会产生误导。

在计算同比增长率时，需要注意以下几点：

（1）同比增长率只适用于与上一期间的同期比较，不适用于与其他企业或行业比较。

（2）同比增长率可以反映企业的成长速度，但不能作为评判业绩好坏的唯一标准，需要结合其他指标如利润率、市场份额等进行综合评估。

（3）进行同比增长率比较时，需要注意数据的可信度和完整性，避免因数据异常或缺失导致错误决策。

（二）销售额环比分析

销售额环比分析是一种常用的数据分析方法，它以某一期的数据和上期的数据进行比较，以观察每期的增减变化情况。环比分析可以用于观察数据的短期变化趋势和长期变化趋势，帮助企业更好地理解数据的特征和变化情况。以销售额月度环比分析为例，选定1月到4月为分析段，可以进行2月销售额与1月销售额比较、3月销售额与2月销售额比较、4月销售额与3月销售额比较。销售额环比分析中，较常使用的是销售额月度环比分析。销售额月度环比分析主要包括时间对比、区域对比和商品对比。

（1）时间对比是指在进行销售额月度环比分析时，首先需要将销售额数据与上个月或去年同期进行比较，以了解销售业绩的变化情况。通过时间对比，可以发现销售业绩的变化趋势，以及是否存在季节性变化等规律。

（2）区域对比是指对不同地区的销售额进行比较和分析。通过区域对比，可以了解哪些地区的销售额增长较快或哪些地区的销售额出现下滑。对于增长较快的地区，可以总结其成功经验；对于下滑的地区，可以找出问题所在并采取相应措施。

（3）商品对比是指对不同商品的销售额进行比较和分析。通过商品对比，可以了解哪些商品的销售额增长较快或哪些商品的销售额出现下滑。对于销售额增长较快的商品，可以总结其成功经验；对于销售额下滑的商品，可以找出问题所在并采取相应措施。

环比增长率是指本期和上期相比较的增长率，计算公式为

环比增长率 =（本期销售额 − 上期销售额）÷ 上期销售额 ×100%

例如，某公司2024年6月份销售额为100万元，为本期数；上期数是2024年5月份的销售额，为80万元，环比增长率为（100−80）/80×100%＝25%，即此公司2024年6月份销售额环比增长25%。

> **？思考**
>
> 小莫进行销售数据分析时发现，本月销售额同比增长了20%，但环比却下降了5%，这说明了什么？
>
> **参考答案：**
>
> 同比增长率可以清晰地反映市场趋势和客户需求变化。本月销售额同比增长，但环比却下降，说明市场需求可能在下降，企业的商品策略需要调整。

（三）销售达成率分析

销售达成率是一个关键的销售绩效指标，用于衡量企业在一定时间内实际完成的销售额与设定的预期销售目标之间的比例关系。通过计算销售达成率，企业可以直观地了解销售目标的完成情况，评估销售团队的工作效果，了解销售策略的有效性，以及识别可能影响销售业绩的因素。其计算公式为

$$销售达成率 =（实际销售额 ÷ 目标销售额）× 100\%$$

> **？思考**
>
> 小莫进行销售数据分析时发现，门店每月目标销售额为 40 万元，每月实际销售额为 32 万元，那么销售达成率是多少？
>
> $$销售达成率 =（实际销售额 ÷ 销售目标额）× 100\%$$
>
> 参考答案：
>
> $$\begin{aligned}销售达成率 &=（实际销售额 ÷ 销售目标额）× 100\% \\ &=（32/40）× 100\% \\ &= 80\%\end{aligned}$$

（四）销售额趋势分析

销售额趋势分析，即通过比较不同时间段内的销售额来观察销售业绩的变化趋势。可以以月、季度或年度为单位进行比较。通过销售额趋势分析，企业可以了解销售额的季节性变化、市场波动等信息，为合理制定销售策略提供参考。

很多消费品行业存在明显的季节性趋势。季节性因素是指因季节变化而导致的销售额变化。以下是季节性因素的分析方法：

（1）分析历年销售额的变化情况，以了解季节性变化规律。

（2）将销售额与同期数据或其他参考数据进行比较和分析，以了解季节性变化对销售额的影响。

（3）使用时间序列分析等方法来预测未来销售额的变化情况，以制定相应的营销策略。

> **？思考**
>
> 小莫进行销售数据分析时发现，门店某些商品在每年的固定月份会出现销售额下降趋势，这说明了什么？
>
> 参考答案：
>
> 该商品在每年的固定月份会出现销售额下降趋势，说明市场需求下降，多与季节性因素相关，存在较为明显的季节性规律。此时，可以考虑在前期引入新品，以保证门店的业绩。同时，对于该类商品还需控制进货，留意库存，防止商品积压占用大量资金。

二、销售结构分析

销售额和销售量是衡量企业销售业绩的重要指标，通过对其进行细致分析，企业可以了解商品销售的整体状况、市场需求的结构以及销售活动的效果。在分析过程中，企业还

可以结合其他相关指标，如利润率、市场份额等进行全面评估。基于销售额和销售量分析的结果，企业可以有针对性地制定销售策略、优化商品结构和拓展新的市场，以提高销售业绩和市场竞争力。

销售额结构分析是指对销售额进行细分，了解不同商品、不同渠道或不同地区的销售额情况。销售额结构分析可以帮助企业了解商品或服务的销售情况。通过分析不同商品或服务的销售额占比，企业可以评估商品或服务的销售额增长速度、市场份额、销售渠道的贡献，以及不同地区的市场潜力等，从而有针对性地调整商品结构、优化渠道布局以及开拓新的市场，更好地制定营销策略。

销售量结构分析是指对销售量进行细分，了解不同商品、不同渠道或不同地区的销售量情况。通过销售量结构分析，企业可以评估市场需求的结构，了解商品的市场竞争情况，并据此制定销售策略，以提高销售量。

销售量与市场份额之间存在一定的关系。通过销售量与市场份额的关系分析，企业可以了解其商品在市场中的竞争地位，判断销售活动的效果，并有针对性地进行市场份额的保持或扩大。

（一）分类货品销售占比分析

分类货品销售额是指店铺中各个品类货品的销售额。品类结构是一个由商品分类、品类角色及商品单品共同构成的综合性整体。在品类定义的初期阶段，需明确界定品类分类与品类角色，经过一段时间的实际运营后，商家对各类相关指标的实现情况进行全面、客观的评估。基于这些评估结果，商家将对从品类定义至单品构成的整个流程进行必要的改进与优化，以确保品类结构的持续优化与提升。通过分析分类货品销售（品类结构）占比，可以了解各类商品在本企业的地位及发展趋势。

分类货品销售（品类结构）占比计算公式为

分类货品销售（品类结构）占比 = 某品类销售额 ÷ 总销售额 ×100%

通过分类货品销售占比分析可以了解：

（1）各分类货品销售情况及所占比例是否合理，为店铺的订货、组货及促销提供参考依据。

（2）了解该店或该区的消费取向，即时采取补货、调货的措施，并针对性调整陈列，从而优化库存及利于店铺利润最大化。对于销售额低的品类，则应考虑在店内加强促销，消化库存。

（3）比较本店分类货品销售与地区的正常销售比例，得出本店的销售特性，对慢流品类应考虑多加展示，同时加强导购对慢流品类的重点推介及搭配销售能力。

> **知识拓展**
>
> 慢流品类是指商品销售过程中从单品大类里向下游外延形成的相关产品类别，但其销售速度相对较慢。慢流品类的产品通常具有较高的使用价值和较长的使用寿命，例如

家具、家居装饰品及电子产品等。消费者在购买这些产品前，需要经过深入的了解和比较，才能做出购买决策，因此销售速度相对较慢。

对于慢流品类来说，建立品牌信誉和产品质量保障是至关重要的。商家需要提供优质的产品和服务，以满足消费者的需求和期望，进而培育消费者的信任和忠诚度。此外，加强营销宣传和推广活动，提高消费者对产品的认知度和购买意愿，也是慢流品类发展的关键。与其他品类相比，慢流品类更注重商品的品质和功能性，而不是仅仅追求价格便宜或快速消耗。

总之，慢流品类是商品销售过程中一个重要的概念，商家需要了解其特点和消费者需求，制订相应的销售策略和推广计划，以提高销售业绩和市场竞争力。

（二）大宗交易占比分析

大宗交易，是指交易金额或数量达到一定规模，从而对企业经营产生显著影响的交易。不同的企业、不同的行业，乃至同一企业在不同的发展阶段，对大宗交易的界定都可能存在差异。

例如，超市可能将单笔成交额大于 1 万元视为大宗交易，而化妆品和服装专卖店则可能以每次购物数量大于 10 件作为界定标准。这种差异正是源于不同行业的特点和市场需求。

大宗交易占比计算公式为

$$大宗交易占比 = 大宗购物金额 \div 总销售额 \times 100\%$$

大宗交易占比是企业销售策略制定和调整的重要依据，企业应该密切关注这一指标，并根据实际情况采取相应的措施来优化其销售策略。通过大宗交易占比，企业可以深入了解大宗交易在整体销售中的贡献程度。

若大宗交易占比相对较高，企业可能需要更加关注这部分交易，以确保能够维持或增加大宗客户的满意度和忠诚度。这可能需要企业制定专门的大宗销售策略，如提供定制化服务、优惠折扣或更高效的交付方式等。

若大宗交易占比相对较低，企业可能需要评估其销售策略是否有效吸引了大宗客户，或者是否应该调整其产品或服务以满足大宗客户的需求。

此外，大宗交易占比还可以与其他销售数据相结合，如销售增长率、客户满意度等，以提供更全面的销售分析。

知识拓展

在大宗交易过程中，必须实施严格的监控与监督，避免其成为恶意拼团行为的入口。若此类交易长期存在，将极大地损害品牌形象，扰乱市场价格体系，对渠道和品牌本身都会造成伤害。大宗交易与团购的区别见表 7-2。

表7-2 大宗交易与团购的区别

项目	大宗交易	团购
购买规模	购买规模较大，通常涉及的商品数量和金额远远超过市场平均水平，适用于批发商、制造商、分销商等大型企业之间的交易	通常是由多个消费者联合起来，共同购买某一商品或服务，购买规模相对较小，通常针对个人消费者
交易方式	通常涉及深入的商业谈判和协商，以确定价格、交货时间、付款方式等条款。由于交易规模较大，买卖双方需要建立更为紧密的合作关系	通常是通过互联网平台或第三方组织者进行，消费者可以在短时间内迅速聚集起来，共同下单购买。团购交易相对简单，通常不涉及商业谈判和协商
客户群体	主要针对大型企业或机构，如批发商、制造商、分销商等	主要针对个人消费者，消费者通过联合起来以获得更优惠的价格和更好的服务
价格策略	通常采用批量折扣或长期合作协议等方式，以降低采购成本和提高运营效率	通常采用固定价格或折扣价等方式，以吸引更多消费者参与并获得更优惠的价格

（三）帕累托分析

帕累托分析法源于经典的帕累托法则。意大利经济学家维尔弗雷多·帕累托于1906年提出了著名的关于意大利社会财务分配的研究结论：20%的人口掌握80%的社会财富。这个结论对大多数国家的社会财富分配情况都成立，因此帕累托法则又被称为二八定律、80/20法则。

帕累托分析认为，在大多数情况下，大部分的问题、效益或成本都来自少数的要素。换句话说，帕累托法则把对象分成重要和不重要两个部分，且认为少数关键要素占据了绝大多数的结果。这一规律在许多领域都具有普适性，例如：在企业中，80%的利润可能来自20%的商品或客户。在销售中，80%的销售额可能来自20%的销售员或商品。在质量控制中，80%的缺陷往往可归因于20%的原因或工序。帕累托分析可以找出产生大多数问题的关键原因，帮助企业更有效地管理资源和解决问题，从而提高效率和效果。

说一说

基于门店2024年线上客户调研结果与门店销售数据，我们得出2024年门店顾客消费与收入占比分析，具体见图7-1。请尝试用帕累托分析法深入剖析并阐述，门店的主要人群集中在哪些收入区间。

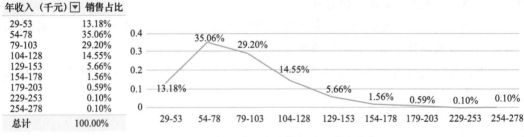

图7-1 2024年门店顾客消费与收入占比分析

根据帕累托分析可知，门店销售额的80%主要源自年收入位于54 000～78 000元、79 000～103 000元和104 000～128 000元这三个区间的顾客。因此，门店在策划各项促销活动时，应重点考虑该类人群。

（四）ABC 分析

ABC 分析法是由帕累托法则衍生出来的方法。ABC 分析法把对象分为 A、B、C 三类，最常见的就是商品 ABC 分析，对商品进行区别和分类，反映出每类商品的价值对库存、销售、成本等总价值的影响。不同的是，帕累托法则强调抓住关键，ABC 法则强调分清主次，并将管理对象划分为 A、B、C 三类。与帕累托分析法一样，ABC 分类法先将数据按类别进行度量指标的求和计算，按指标数量从大到小排列，然后做累积百分比统计，最后将得到的累积百分比按照比值划分为 A、B、C 三类。

百分比在 70%（含）以下，划分为 A 类。百分比在 70% ～ 90%（含）之间，划分为 B 类。百分比在 90% ～ 100%（含）之间，划分为 C 类。以上百分比的设定也可以根据企业实际情况调整。

（五）畅销品与滞销品分析

畅销品与滞销品可以通过该货品的销售额或销售量进行分析。将销售额高或销售量多的货品视为畅销品，将销售额低或销售量少的货品视为滞销品。另外，部分门店还会通过库存量进行划分，将库存量少的货品视为畅销品，将库存量多的货品视为滞销品，门店销售与库存管理角度不同，视情况而定。导致出现滞销款的原因通常有销售数量过少、库存积压过多、销售金额太少、陈列缺失或陈列没有及时调整。

前十大销售分析和后十大销售分析是畅销品与滞销品分析的常用分析指标。前十大销售，就是在所有商品中销售额或销售量最好的十个商品的总销量，前十大商品占比也就是它们的销售额或销售量占总销售的比重。前十大商品销售占比越大，商品销售就越集中，销售管理更容易，但是销售风险也会加大。很多电子商务的卖家追求极致的爆款效应，希望前三个商品就能占到公司总销售的 80% 以上，然而，一旦在生产或物流环节出现状况，这种策略对企业的销售影响可能是致命的。

合理的前十大商品销售占比并没有标准，行业不同，标准就不一样，并且同样的行业，门店的运营策略不同，标准也会大不同。

三、销售诊断分析

销售诊断贯穿着企业的整个营销流程，销售的底层逻辑由流量、转化率、客单价和复购率 4 个部分构成。流量和转化率来源于商品或品牌的口碑与广告，客单价来源于商品或品牌的品质、企业的管理和行业特性，复购率则依靠顾客忠诚度。

常见的销售额计算公式为

$$销售额 = 流量 × 转化率 × 客单价 × 复购率$$

（一）流量分析

在数字营销中，流量分析是非常重要的一部分。通过对流量的来源、质量、趋势、转化、分布和活动进行分析，企业可以更好地理解用户行为，优化营销策略，提高网站或应用的性能和效果。对于线上而言，流量来源于页面访问流量、账号分析、私域流量、社群人数、公众号的粉丝数，以及搜索引擎流量，对于企业评估各种推广渠道的效果和优化工作有重要意义。对于线下而言，流量就指进店人数，但企业客流的来源多种多样，包括自然客流、广告引流、推荐引流、活动引流、会员引流、口碑引流、技术引流和社区引流等。企业应该根据自己的实际情况和经营需求，制定相应的营销策略，综合运用各种客流来源，不断提高客户满意度和销售额，实现企业的可持续发展。

（二）转化率分析

无论线上或是线下销售，仅仅掌握流量的来源是不够的，流量的质量即有效转化率的高低也很重要。通过分析流量的跳出率、平均停留时间、转化率等指标，企业才可以判断流量的质量。

转化率分析主要关注的是企业从获取客户到实现销售的过程中，各环节的转化情况，是衡量企业营销效果和销售效率的重要指标，通过对转化率的分析，企业可以了解哪些营销策略有效，哪些需要改进。通过分析销售转化率，企业可以有效评估销售团队的绩效，并发现销售过程中的瓶颈和问题。

销售转化率的计算公式为

$$销售转化率 = 实际成交量 \div 潜在客户量 \times 100\%$$

销售转化率是实际购买客户数量与潜在客户数量的比值，它反映了将潜在客户转化为实际购买客户的比例。同样，订单转化率为访客转化成网站的消费用户的比率；购买转化率为购买用户数占全体访客数的比率。

> **思考**
>
> 小莫所在门店共有 100 人进店，其中有 10 个人完成了购买行为，请问销售转化率是多少？
>
> 参考答案：
>
> $$销售转化率 = 实际成交量 \div 潜在客户量 \times 100\%$$
> $$= 10 \div 100 \times 100\%$$
> $$= 10\%$$

（三）客单价分析

在商业运营中，客单价是一个重要的指标，它反映了每位顾客平均购买商品的金额，也就是平均交易金额。通过对客单价进行分析，企业可以了解销售情况、客户消费习惯、市场趋势等，从而优化商品结构、调整价格、制定营销策略等。

客单价的计算公式为

$$客单价 = 销售总额 \div 顾客总数$$
$$= 销售总额 \div 成交总笔数$$

客单价的本质是在一定时期内，每位顾客消费的平均价格，离开了"一定时期"这个范围，客单价这个指标是没有任何意义的。客单价是由门店的销售额和顾客数所决定的，在门店提升顾客数难度较大或顾客数相对稳定的状况下，提高客单价是提高门店销售额的唯一途径。

思考

某天，A门店仅实现一笔销售交易。当时，一位顾客和两位同伴逛街，该顾客独自购买了3件衣服，共计1 200元。请问这天的客单价是多少？

参考答案：

$$客单价 = 销售总额 \div 顾客总数 = 1\,200\,元 \div 1 = 1\,200\,元$$
$$= 销售总额 \div 成交总笔数 = 1\,200\,元 \div 1 = 1\,200\,元$$

（四）复购率分析

复购率分析是了解客户忠诚度和购买行为的重要方法，是了解客户行为和提高销售业绩的重要手段之一。复购率通常指的是消费者对某产品或服务的重复购买次数，是反映消费者对该产品或服务的忠诚度的重要指标。复购率越高，表明消费者对该产品或服务的忠诚度越高，反之则越低。复购率可以分为用户复购率、订单复购率和用户回购率等。通过分析复购率，企业可以了解客户对产品或服务的满意度和信任度。

复购率计算公式为

$$复购率 = 重复购买客户数量 \div 客户样本数量$$
$$= 重复购买客户的交易次数 \div 客户样本数量$$

思考

A门店有100个人产生了第一次消费，过了一个统计周期后，这100人里面有15人产生了第二次消费。请问该门店复购率是多少？

参考答案：

$$复购率 = 重复购买客户数量 \div 客户样本数量$$
$$= 15 \div 100$$
$$= 15\%$$

不同企业的复购率不同，其差异源于多种因素的影响，如商品类型、市场情况、消费者群体等。因此，在实际操作中，需要根据具体情况进行评估和调整。

知识拓展　超市企业核心挑战与数字化转型思路

随着国内消费升级与消费降级趋势并存，除原有传统超主力客群如小康家庭和银发一族之外，精英中产、都市白领、小镇青年等客群现今都有着各自的消费主张，"多快好省"相关的商品力、便利性、服务与体验和性价比等诉求不断突出，这也吸引了O2O平台、电商平台、便利店等业态积极进行布局，造成传统超市到店消费客群持续流失。

面对挑战，超市企业数字化转型将重点关注"从流量到留量"的用户运营提升和基于数字化手段的门店效率提升。"从流量到留量"的用户运营提升领域，超市企业将关注用户运营全链路的运营提升，借助即时零售渠道与门店协同实现流量导入，将不断提升商品力和服务力，通过差异化商品及独特的体验和服务，促进用户复购并实现增长。

根据复购率分析结果，制定相应的运营策略。例如，针对高复购率的商品或服务，可以加大宣传力度，提高产品质量和用户体验；针对低复购率的商品或服务，可以优化产品功能或调整价格策略，提高用户满意度和忠诚度，实现长期稳定的发展。

✅ 任务实施

1. 实施内容

根据门店数据后台的统计结果（见表7-3至表7-6），门店2024年6月进店消费共有210单，实际190人购买，有20人在30天内购买2次。请根据门店数据进行售业绩评估。

表7-3　门店2024年6月商品销售数据

商品	售价（元/件）	销量（件）	销售额（元）
上衣（女）	308	84	25 872
内搭	78	132	10 296
短裤（女）	108	60	6 480
连衣裙	508	92	46 736
合计			89 384

表7-4　门店2024年6月商品目标销售额

（单位：元）

商品	销售额
上衣（女）	20 000
内搭	10 000
短裤（女）	5 000
连衣裙	40 000
合计	75 000

表7-5　门店2024年4月和5月商品销售额

（单位：元）

商品	4月销售额	5月销售额
上衣（女）	9 660	7 980
内搭	4 224	11 220
短裤（女）	720	4 680
连衣裙	5 152	6 624
合计	19 756	30 504

表7-6　2023年商品全年销售额

（单位：元）

商品	月份											
	1月	2月	3月	4月	5月	6月	7月	8月	9月	10月	11月	12月
上衣（女）	57 890	45 432	36 543	30 964	33 880	29 876	14 334	9 087	24 568	32 356	45 876	38 000
内搭	78	140	140	3 276	8 736	13 104	12 322	10 987	9 865	897	450	260
短裤（女）	1 098	987	465	1 188	7 560	1 512	2 798	3 421	2 143	986	764	908
连衣裙	8 753	6 540	5 789	14 224	30 988	40 132	54 310	43 254	32 198	21 142	10 086	9 076
合计	67 819	53 099	42 937	49 652	81 164	84 624	83 764	66 749	68 774	55 381	57 176	48 244

2. 实施要求

根据本任务所学知识及提供的数据资料，对门店的总销售额、销售结构等进行分析，并对销售情况做基本的诊断和简单的预测分析。

3. 实施步骤（一般 3～4 条）

（1）根据门店 2024 年 6 月销售额数据进行销售额同比增长率和销售额环比增长率，并测算门店该月客单价和复购率。

1）根据 6 月总销售额数据进行同比增长率和销售额环比分析。

根据表 7-3 可知，门店 2024 年 6 月的总销售额为 89 384 元；根据表 7-6 可知，门店 2023 年 6 月的总销售额为 84 624 元；根据表 7-5 可知，2024 年 5 月的总销售额为 30 504 元。

经计算可知：

该门店的同比增长率为：（89 384−84 624）÷84 624×100%＝5.62%；

该门店的环比增长率为：（89 384−30 504）÷30 504×100%＝193%；

本月销售额同比增长 5.62%，环比增长 193%。

2）门店 6 月客单价和复购率测算。

客单价＝销售总额÷成交总笔数＝75 000÷210＝375.14（元）

复购率＝重复购买客户数量÷客户样本数量＝20÷210＝9.5%

计算出来的客单价与复购率，可以同本店以往数据、同等规模门店数据或相近行业的门店数据作比较，以充分了解该门店目前数据的实际情况，明确本月门店客单价和复购率的实际水平。

（2）根据四类商品 6 月销售额数据进行同比增长率和环比增长率分析。

由表 7-3 至表 7-6 相关数据整理并计算得出表 7-7。

表 7-7 门店 6 月同比增长率与环比增长率

商品	2024 年 6 月销售额（元）	2024 年 5 月销售额（元）	2023 年 6 月销售额（元）	同比增长率	环比增长率
上衣（女）	25 872	7 980	29 876	224.21%	−13.40%
内搭	10 296	11 220	13 104	−8.24%	−21.43%
短裤（女）	6 480	4 680	1 512	38.46%	328.57%
连衣裙	46 736	6 624	40 132	605.56%	16.46%

同比增长率分析显示，四类商品中上衣（女）和连衣裙销售额明显上升，短裤（女）销售额增长较慢，内搭销售额明显下滑；但从环比增长率分析来看，短裤（女）销售额明显上升，连衣裙销售额增长较慢，上衣（女）和内搭销售额均呈下滑趋势。

（3）根据四类商品 6 月销售额数据进行品类结构占比和销售达成率分析。

根据表 7-3 至 7-6 所给数据整理并计算得出表 7-8。

表 7-8 门店 6 月品类结构占比与销售达成率

商品	2024 年 6 月实际销售额（元）	2024 年 6 月目标销售额（元）	品类结构占比	销售达成率
上衣（女）	25 872	20 000	28.94%	129.36%
内搭	10 296	10 000	11.52%	102.96%
短裤（女）	6 480	5 000	7.25%	129.60%
连衣裙	46 736	40 000	52.29%	116.84%
合计	89 384	75 000	100.00%	119.18%

（4）根据四类商品 2023 年度全年销售额趋势分析（见图 7-2）并预测 2024 年 7 月的销售趋势。

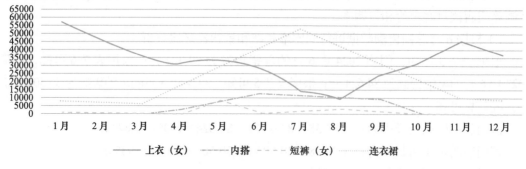

图 7-2 四类商品 2023 年度全年销售额趋势分析

根据四类商品 2023 年全年销售额趋势分析可知，连衣裙和上衣（女）呈现较为明显的季节性趋势，需要关注每年的天气数据，及时调整服饰上新的需求，同时内搭在 5 ～ 10 月份近半年的时间里呈现较强需求，而短裤（女）在 2023 年的销售中没有较好的销售表现，只能作为常规品进行销售。

结合整体项目数据和 2023 年度的趋势分析，该门店在 2024 年 7 月将迎来连衣裙和内搭的销售高峰季，需要备足货品同时，上衣（女）的销量将逐步下滑，需要关注上衣（女）的款式、厚度以及搭配等细节，精准挑选货品，防止商品滞销，做好库存的调配工作；对于内搭产品，在款式和实际需求上可以适当调整，并探索连带性销售策略，以进一步促进销售增长。

任务二 门店毛利评估

学习目标

知识目标：

○ 了解单品毛利、毛利率、综合毛利和综合毛利率的计算；

○ 掌握门店综合毛利率调整的方法。

能力目标：

○ 能正确计算单品毛利和毛利率，综合毛利和综合毛利率；

○ 能通过商品结构调整提高门店综合毛利率。

素养目标：

○ 具有持续学习和不断创新的能力；

○ 具有爱岗敬业、认真负责的工作态度。

任务描述

小莫通过学习，了解了门店销售业绩的评估。但是，门店销售额高就意味着毛利高吗？门店销售额高就能代表企业净利润高吗？如何做好门店毛利的评估？应该从哪些方面进行门店毛利的评估呢？为了找到答案，小莫开始了新的学习。

一、门店毛利计算

毛利又称为毛利润，是在扣除与经营商店有关的费用前，在商品销售中创造的总收入。它还没有剔除商品流通费和税金，不是净利润。但毛利是净利润的基础，其水平的高低直接决定了净利润的多少。

（一）毛利构成

毛利由前台毛利和后台毛利共同构成，具体构成见图7-3。前台毛利作为与商品价格和销售毛利有关的利润来源，是指卖场管理人员通过电脑看到的商品销售所产生的毛利额或毛利率，它等于实际零售价减去实际供货价，也可以表示为实际零售价除以后台毛利。前台毛利主要包括商品毛利、损耗补偿和免费商品等。

（1）商品毛利。商品毛利即商品进价和售价之间的差额。例如，某单品进价为19元，售价为14元，单品毛利就是-5元。

（2）损耗补偿。损耗补偿的金额会直接计入商品毛利。例如，卖场盘点显示亏损1 000元，如果厂家补偿损耗500元，则卖场就少亏损500元，相当于多赚了500元，也就等于增加了500元的毛利。

（3）免费商品。在金额一定的前提下，引入免费商品会增加商品总数，降低单个商品的成本。若维持售价不变，就会增加单品毛利。例如，卖场用100元买回了20个A商品，则A商品的进价为每个5元（100÷20）；如果卖场从厂家那里要来10个免费商品，则A商品的数量增加至30个（20+10），但卖场还是只付出了100元，所以，单品成本就变成了3.3元（100÷30）。由此，每个商品就多赚了1.67元的毛利。

后台毛利是指企业财务人员通过统计得到的商品其他毛利贡献。简单地说，它等于向供应商实际收取的各项费用总和，也可以表示为期间内向供应商实际收取的各项费用总和除以期间内供应商商品实际销售额。泛指其他与买卖合作关系有关，与销售行为本身无直接关联的收益来源总和。重点指来自采购途径的其他收益，主要包括商品合同收益，促销员管理费，各类罚款、商品促销费用和促销服务费等。

总的来说，前台毛利和后台毛利都是用来描述企业或商店在经营过程中的毛利润，但它们的具体计算方法和定义有所不同，以下的计算主要指前台毛利。

图7-3 毛利构成

（二）单品毛利计算方法

1. 单品毛利

单品毛利是指该商品的销售收入（售价）减去商品进价后的余额，俗称进销差价。单品毛利是核算企业经营成果和价格制订是否合理的依据。通过单品毛利的计算，可以了解每个商品为企业带来的利润贡献，以及企业在市场中的竞争力。单品毛利的计算公式为

$$单品毛利 = 销售收入 - 销货成本$$
$$= 不含税售价 - 不含税进价$$

2. 单品毛利率

单品毛利率是毛利与销售收入（或营业收入）的百分比。它反映了企业经营效率的一个方面，代表着企业在创造价值方面是否具有优秀的表现。通常来说，毛利率越高，企业的利润就越高，也代表企业的竞争力就越强。单品毛利率计算公式为

$$单品毛利率 = 单品毛利 / 销售收入 \times 100\%$$
$$= （不含税售价 - 不含税进价）/ 不含税售价 \times 100\%$$

在不含税售价和不含税进价已知的情况下，可以计算出单品毛利率。

$$不含税售价 = 含税售价 \div （1+ 税率）$$
$$不含税进价 = 含税进价 \div （1+ 税率）$$

💡思考

A 门店两种商品，甲的单品毛利 658 元，销售收入 1 173 元，乙的单品毛利 30 483 元，销售收入 139 208 元。试计算甲、乙种商品的毛利率，并尝试做比较。

参考答案：

$$甲单品的毛利率 = 658 \div 1\ 173 = 56.10\%$$
$$乙单品的毛利率 = 30\ 483 \div 139\ 208 = 21.09\%$$

通过计算可知，甲单品的毛利率远高于乙单品的毛利率。

（三）综合毛利计算方法

1. 综合毛利

综合毛利是企业一定时期内，各项业务或产品的销售收入（或营业收入）减去销售成本（或营业成本）的收益。综合毛利计算公式为

$$综合毛利 = 各项业务或产品的销售收入（营业收入） - 销售成本（营业成本）$$

2. 综合毛利率

综合毛利率是指企业在一定时期内各项业务或产品的销售收入与销售成本之间的比例。它是衡量企业盈利能力的重要指标之一，代表着企业在经营过程中所获得的毛利润总额与企业营业收入的比率，可以用于评估企业的经营效率和管理水平，对于企业制定经营策略和管理措施具有重要意义。

综合毛利率计算公式为

$$综合毛利率 =（销售收入 - 销售成本）/ 销售收入 ×100\%$$

销售收入是指企业销售产品或提供服务所获得的收入，而销售成本则是指企业生产或销售产品所产生的成本。

请对以下毛利率对比（见图 7-4）进行描述，探讨 A 门店和 B 门店的毛利率变化趋势。

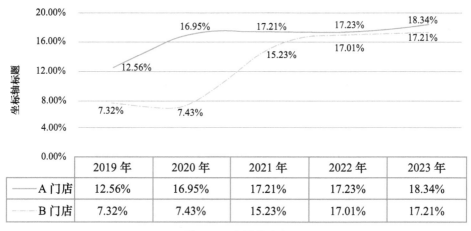

	2019 年	2020 年	2021 年	2022 年	2023 年
A 门店	12.56%	16.95%	17.21%	17.23%	18.34%
B 门店	7.32%	7.43%	15.23%	17.01%	17.21%

图 7-4　毛利率对比

综合毛利和综合毛利率都是衡量企业盈利能力的重要指标，不同的业务或产品，毛利率不同，所以毛利率带有很强的行业特性。此外，综合毛利的计算还需要考虑到企业是否存在库存积压、物流成本等因素对毛利润的影响。同样，综合毛利率也需要注意是否存在折扣、优惠等因素对售价和进价的影响。

总之，综合毛利和综合毛利率都是非常重要的财务指标，可以用来评估企业的盈利能力和经营效率。通过这些指标的分析，企业可以更好地了解自己的经营状况，制定相应的经营策略和管理措施。

二、门店毛利分析与评估

门店毛利的提升既可以通过扩大销售与采用薄利多销的方式实现，又可以通过调整商品结构来完成。通过以上学习内容可知，仅仅计算商品各自的毛利和毛利率并进行简单比较，单纯通过销售数量提高门店毛利具有较强的局限性，且提升空间有限。门店应该将商品各自所在大类的综合毛利率进行比较。例如，甲单品所在大类的综合毛利率为 70%，则甲单品的毛利率依旧不达标，需要思考问题所在。如果乙单品所在大类的综合毛利率为 20%，则乙单品的毛利率已经达到同类标准，只需要思考是否需要推进即可。

> **思考**
>
> A 门店 2023 年上半年和 2024 年上半年的商品结构和整体毛利率见图 7-4，分析 A 门店 2024 年上半年是如何提升毛利率的。
>
> 参考答案：
>
> 在 2023 年商品结构的基础上，通过增加高毛利商品的销售占比，同时降低毛利较低的常规商品和冲量商品的销售占比，有效提高了 2024 年的整体毛利。由图 7-5 中数据可知，2024 年上半年冲量商品毛利率下降明显，且占比降低，对整体毛利影响不大。2024 年上半年高毛利商品毛利同比提升，且占比提高，对整体毛利有较明显的提升。2024 年上半年常规商品毛利率同比提升，但占比降低，对整体毛利有一定的提升作用。
>
> 通过调整商品结构，提升高毛利商品的毛利率及占比，能够给其他类别的商品留出调整空间，从而提高企业的核心竞争力。

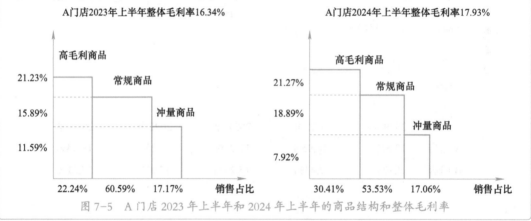

图 7-5　A 门店 2023 年上半年和 2024 年上半年的商品结构和整体毛利率

说一说

A 门店针对三款商品（商品甲、商品乙、商品丙）在 2024 年 6 月与 7 月的销售数据（详见图 7-6）进行了统计对比。在此期间，这三款商品的进货价格、销售价格、总销售量以及单品毛利率均维持稳定，未出现变动。请认真观察图中数据，分析哪些方面发生了显著变化？这些变化背后的原因又是什么呢？

商品名称	2024 年 6 月销售额					2024 年 7 月销售额				
	进货价格（元）	销售价格（元）	销售量（件）	毛利（元）	毛利率	进货价格（元）	销售价格（元）	销售量（件）	毛利（元）	毛利率
商品甲	20	45	10	250	55.56%	20	45	30	750	55.56%
商品乙	30	50	20	400	40.00%	30	50	20	400	40.00%
商品丙	40	60	30	600	33.33%	40	60	10	200	33.33%
合计				1 250	38.46%				1 350	45.76%

图 7-6　2024 年 6 月和 7 月的销售数据

参考答案：

商品甲、商品乙和商品丙的销售量发生变动，带来了单品毛利的变动。商品甲毛利增加，商品乙毛利减少，商品丙毛利减少。由于进货价格和销售价格均未变动，故三种商品的毛利率不变。三种商品的毛利率由高到低分别是商品甲 55.56%，商品乙 40.00%，商品丙 33.33%，通过调整商品结构，增加了高毛利商品甲的销售，减少了低毛利商品丙的销售，带来了综合毛利的提升。

企业为了寻找利润提升的空间，通过现有销售数据进行观察。针对毛利率异常的商品，可以尽早发现并解决经营环节中存在的问题，同时，在销售额恒定的情况下，通过对毛利率的计算，及时调整商品结构，用高毛利商品替代低毛利商品，提高门店毛利率。另外，对于长期滞留无法销售的商品，可以做适当调整，避免挤压资金。

门店毛利的提升并不意味着企业净利润的提升。净利润是指企业当期利润总额减去所得税后的金额，即企业的税后利润。它反映了企业在一定时期内，扣除所有成本、费用和税金后所实现的净收益。净利润是衡量企业经营效益的主要指标之一，它不仅关系到企业的盈利水平，还反映了企业的管理绩效和偿债能力。之前提及的毛利是税前利润，而净利润是税后利润。毛利的影响因素为商品的进价与销售价格，净利润的影响因素为利润总额和所得税费用。毛利是粗略计算的一个利润额，而不是真正的利润，毛利必然会大于净利润，而净利润的高低，才能最真实地反映企业的经营现状。

例如，在超市中，将营业收入减去购货（进货）成本，得出的具体数字就是毛利润。净利润是在毛利润的基础上，减去人工费用，房租水电费用，以及冰柜、监视系统和收银台柜台等设备的折旧费用。当所有的成本都一一计算完毕之后，得出的具体数值，才是净利润，净利润是整个企业在经营过程中实际获得的收益。在企业财报当中，会把毛利和净利润进行明确区分，以便于企业直观地发现经营过程当中哪些项目花费较多、哪些项目花费较少，以及是否可以节约。如果利润比去年有所减少，也能够直接找出原因所在。

虽然净利润是企业最终的利润，但各门店的毛利是决定净利润高低的主要因素之一。当毛利比较高的时候，在计算上还有可以调整的空间。但是，如果本身毛利就比较低，就可能导致净利润是负数。因此，门店财务绩效中毛利的高低有着决定性的作用。

⊘ 任务实施

1. 实施内容

请根据门店 2024 年 6 月销售商品进货价格、销售价格及销售量数据（见表 7-9），进行门店毛利评估。

表 7-9 门店 2024 年 6 月销售商品进货价格、销售价格及销售量

商品	进货价格（元）	销售价格（元）	销售量（件）
上衣（女）	220	308	84
内搭	50	78	132
短裤（女）	55	108	60
连衣裙	220	508	92

2. 实施要求

根据本任务所学知识及提供的数据资料，对门店的单品毛利（率）、综合毛利（率）等进行分析，并通过商品结构的调整提高门店综合毛利率。

3. 实施步骤

（1）根据门店 2024 年 6 月销售额数据计算门店的单品毛利和单品毛利率。

以上衣（女）为例，计算单品毛利及单品毛利率：

$$上衣（女）单品毛利 = （308-220）元 \times 84 = 7\ 392\ 元$$
$$上衣（女）单品毛利率 = （308-220）\div 308 = 28.57\%$$

其他单品毛利和毛利率可以同样的方法计算出来，数据见表7-10。

表7-10 单品毛利和毛利率

商品	进货价格（元）	销售价格（元）	销售量（件）	销售收入（元）	毛利（元）	毛利率
上衣（女）	220	308	84	25 872	7 392	28.57%
内搭	50	78	132	10 296	3 696	35.90%
短裤（女）	55	108	60	6 480	3 180	49.07%
连衣裙	220	508	92	46 736	26 496	56.69%
总计				89 384	40 764	45.61%

（2）根据门店2024年6月销售额数据计算门店的综合毛利和综合毛利率。

可知门店的综合毛利40 764元，门店销售收入为89 384元，由计算得到：

$$综合毛利率 = 40\ 764 \div 89\ 384 \times 100\% = 45.61\%$$

（3）根据计算结果对商品结构进行调整，提高门店综合毛利率。

门店商品的进货价格和销售价格通常较为稳定，在商品毛利率不变的前提下，若想提高门店综合毛利率，必须考虑四类商品的毛利率。四类商品的毛利率由低到高分别是上衣（女）、内搭、短裤（女）和连衣裙，且连衣裙的毛利率接近上衣（女）的2倍。由此可见，如果想要提高综合毛利率，需要提升毛利率较高的单品，例如在门店陈列、促销中需要多加关注短裤（女）和连衣裙的销售。结合任务一中的季节对服饰的影响，门店需考虑对内搭和上衣（女）商品的布局，适当减少上衣（女）的陈列与备货，内搭的陈列可以从重要区域撤离，作为连带货品备用。

任务三 门店费用评估

学习目标

知识目标：

○ 了解门店费用的构成和计算；

○ 了解门店人力费用与营运费用的控制。

能力目标：

○ 能正确计算门店费用；

○ 能正确计算门店各类费用占比；

○ 能进行简单的门店费用控制。

素养目标：

○ 具有不畏艰难、不惧思考和不断创新的工作态度；

○ 具有精益求精、追求卓越的工匠精神。

小莫通过学习，了解了门店销售业绩的评估，初步掌握了门店提升毛利的途径和企业提升利润的方法。好的门店运营一定是"开源节流"的，如何做好门店的费用评估呢？小莫进入了下个阶段的学习。

知识储备

一、门店费用的构成

门店费用主要由固定费用和可控费用构成。可控费用包括人力费用、运营费用、营销费用、行政费用、外联费用和其他支出等。不可控费用包括财务费用、租赁费用、折摊费用等。可控费用是门店可以控制和调整的，可以根据实际情况进行调整和优化，以实现门店的盈利和长期发展。

在门店费用的构成（见表7-11）中，人力费用与门店的规模、员工数量、薪酬水平等因素有关，是门店运营中较大的支出之一，主要包括员工工资、福利、保险等方面的费用。同样，营销费用是门店在运营过程中产生的费用，这些费用的支出与门店的运营策略和市场环境有关，包括物流配送、广告宣传、促销活动等支出费用。通过合理控制这些费用，门店能够降低投入，但不能从积极的方面促进门店盈利的提升，并且其控制力是有限度的。

门店费用的各项支出琐碎繁杂，因此，需要对门店费用进行合理规划和精细管理，以确保门店的盈利和长期发展。计算门店总费用时，需将各费用项目根据企业规定的门店费用表填列，之后进行汇总即可得到相关数据。

表7-11 门店费用的构成

可控费用	人力费用
	运营费用
	营销费用
	行政费用
	外联费用
	其他支出
不可控费用	财务费用
	租赁费用
	折摊费用

二、门店费用分析与控制

（一）门店费用分析

1. 门店费用结构分析

企业盈利通常要"开源节流"，开源即增加毛利，节流则指对费用的控制。门店的可控费用主要包括人工成本、水电费用、办公用品费用、差旅交通费用等。门店可控费用应标准化，即确定这些费用的支出标准，需要根据门店所处的地理位置、季节特点、销量收入等因素制定符合门店经营水平所需的预算费用。各门店经营差异化决定了费用标准不是固化的，更不是千篇一律的。费用结构分析能够帮助企业迅速找到费用支出的重点，以便企业与自身门店、类似门店以及行业标准做对比，做出合理的预算。

知识拓展　促销电子价签

随着互联网时代的加速到来，企业对营销及时性提出了更高的要求。传统的促销价签打印、更换模式，已经无法满足企业针对营销效率的要求。企业迫切需要一套能够及时反映营销方案的解决方案。石基零售与新疆路上文化合作，共同搭建电子价签系统，为门店营销活动赋能，提高企业作业效率，同时提升企业门店形象。

项目推进后从以下几个维度提升门店作业效率、节约成本，为店面运营赋能。

（1）节约门店资源。项目推进前，促销执行前需要专门的人员提前打印纸制价签，并现场更换商品价签；项目推进后，节省了打印人工与纸张费用，降低了价签错误率。

（2）提高门店营销价格。项目推进前，每次促销调价都只能按天规划，提前一天更换价签；项目推进后，可以实时促销和时点促销，价签与POS系统的价格同步，减少了门店的客诉情况。

2023年11月与12月门店费用数据见表7-12。从表中可知，2023年11月的总费用为38.6万元，其中可控费用为32.1万元（占总费用83.16%），不可控费用为6.5万元（占总费用16.84%），可控费用占比较不可控费用支出占比高出很多。可控费用按照支出由高到低为运营费用15.7万元（占总费用40.67%），人力费用10.9万元（占总费用28.24%），营销费用3.2万元（占总费用8.29%），外联费用1.2万元（占总费用3.11%），其他支出为0.5万元（占总费用1.30%），说明可控费用中运营费用和人力费用占比较高，两者共占总费用的70%。不可控费用按照支出由高到低为租赁费用3.5万元（占总费用9.07%），折摊费用2.2万元（占总费用5.70%），财务费用0.8万元（占总费用2.07%），说明不可控费用中门店的租赁费用占比较高。

表7-12　2023年11月与12月门店费用数据

费用类型	项目	支出金额（万元）		比上月增长金额（万元）	支出占比		环比增长
		2023年11月	2023年12月		2023年11月	2023年12月	
可控费用	人力费用	10.9	15.5	4.6	28.24%	35.15%	42.20%
	运营费用	15.7	15.8	0.1	40.67%	35.83%	0.64%
	营销费用	3.2	3.5	0.3	8.29%	7.94%	9.38%
	行政费用	0.6	0.3	−0.3	1.55%	0.68%	−50.00%
	外联费用	1.2	1.3	0.1	3.11%	2.95%	8.33%
	其他支出	0.5	0.7	0.2	1.30%	1.59%	40.00%
可控费用小计		32.1	37.1	5	83.16%	84.13%	15.58%
不可控费用	财务费用	0.8	1.2	0.4	2.07%	2.72%	50.00%
	租赁费用	3.5	3.5	0	9.07%	7.94%	0.00%
	折摊费用	2.2	2.3	0.1	5.70%	5.22%	4.55%
不可控费用小计		6.5	7	0.5	16.84%	15.87%	7.69%
费用总计		38.6	44.1	5.5	100.00%	100.00%	14.25%

知识拓展 以标准化引领连锁门店绿色化、规范化发展

　　江苏省孩子王儿童用品股份有限公司（以下简称孩子王）集线上、线下两个服务平台，连锁门店、电子商务、社群分享三大销售渠道于一体，通过在节能降耗、创新流通及服务模式、经营及供应链数字化等方面进行标准化，打造"商品＋服务＋产业生态经济"多元化经营体系，引领连锁门店绿色化、规范化发展。

　　主要做法

　　夯实工作基础，提升企业标准化管理水平。高度重视标准化工作，组建由公司CFO牵头的标准化建设管理小组，配备专职人员负责公司标准化工作的组织实施。组织供应链、顾客满意中心、物流等部门，梳理孩子王在运营过程中的规范化标准文件，共梳理与经营相关的50个国家标准、行业标准、地方标准、企业标准及团体标准，并与标准制定者保持协同沟通，及时反馈标准应用情况。对照《国家级服务业标准化试点（商贸流通专项）工作指南》，从标准化工作基本要求、标准体系、标准实施与持续改进、绩效评估等维度，收集、整理各项制度文件、操作文档等，形成相关总结性文档。

　　加强标准制定，推动母婴童领域绿色化、规范化发展。作为主要起草单位，参与制定《绿色商场》国家标准，探索建立符合流通领域节能减排特点的统计评价指标体系，扩大绿色产品销售，引导行业绿色发展。联合妇幼健康研究会、中国标准化研究院等相关组织共同制定《产后母婴照护机构服务规范》团体标准，为深化育儿服务生态，刷新行业育儿服务标准起到示范作用。主导起草《商贸物流公共信息平台服务规范》《城市共同配送管理服务规范》《托盘租赁服务规范》《电子商务包装回收共用服务规范》《商业企业防范外部偷盗行为管理规范》等相关团体标准，配合全国资产管理标准化技术委员会制定《供应链资产管理体系实施指南》国家标准，提升企业供应链管理水平。

　　强化标准应用，提升母婴童供应链数字化水平。依据供应链相关标准，在公司物流标准化应用和信息化研发实力的基础上，改版"供应商协同平台"，实现与近8 000家上游厂商的主数据和数据交互方式统一，实现了涵盖生产、订单、物流、仓储、配送、交易的全过程数字化管理，极大提升了产业数字化水平，平台已打造成集开放库存、订单跟踪、物流规划、商品溯源、结算管理、税务在线等于一体的供应链协同服务，并以孩子王南京空港智慧物流园、孩子王西南智慧物流园为实施主体，投入物流机器人、自动分拣线以及相关软件，以母婴童标准化应用推动行业数字化、智能化水平。

　　取得的成效

　　在物流供应链标准化应用方面，通过应用各项母婴童及其供应链相关标准，在全国范围内建成五大区域供应链物流中心和以全资子公司"童联"为代表的全国供应链管理公司，现有仓储总面积达到25万平方米，存储商品超10亿元，超10万SKU，条码、托盘、周转箱、货架、车辆等标准化率已超过95%，年配送额达100亿元以上。

　　在门店经营管理标准化方面，持续推进门店功能和定位的迭代升级，实现线上线下融合的数字化搭建，孩子王的第九代数字化门店已成功导入《绿色商场》相关标准，制定了经营实体的能源管理系统和节能工具，门店整体能耗降低近20%。

　　在会员服务标准化方面，以场所经营、会员服务、照护服务等标准化为基础，形成了围绕母婴童行业全链路标准化服务体系，实现了0～14岁母婴童服务过程的全过程管理和标准化服务。

资料来源：中华人民共和国商务部网站

2. 门店费用环比分析

各个门店结合自身经营特点，制定合理的费用标准化，才能进一步加强零售门店精益管理，推动标准化管理、费用精细化管理，促进门店降本增效，全面提升竞争力。

由表7-8可知，2023年11月与12月费用数据对比可知，12月总增长5.5万元，环比增长14.25%。其中，可控费用增长5万元，不可控费用增长0.5万元。从数据上看，不可控费用增长仅为可控费用增长的十分之一，但从环比分析角度，可控费用环比增长率为15.58%，不可控费用环比增长率为7.69%，两者增幅比例只是一倍的关系。另外，在2023年12月的费用支出中，人力费用和运营费用依旧是占费用总基数较多的两项，在人力费用方面2023年12月较上月增长4.6万元，环比增长42.20%，其他支出方面2023年12月较上月增长0.2万元，环比增长也达到40.00%。在不可控费用中，2023年12月的财务费用较上月环比增长了50%。通过门店费用分项目的环比分析，需要考虑是否是节庆促销带来的费用上升，结合动销比、投入产出比、营销费效比等指标进行同步观察，确定费用支出是否合理，对门店季节因素、节庆因素、人员因素以及之前采买物品、资金的使用情况进行分析。因此，在分析各类费用占总费用的结构时，不仅要看其绝对数的增长，还要观察其环比的增长幅度，多关注本期与上期的费用环比显得更有价值。

（二）门店费用控制

表7-8中，2023年11月费用支出中仅人力费用和运营费用两项就占据了总费用的近70%。通常，在企业实际的运营过程中，对人力费用和运营费用进行控制是至关重要的。

人力费用的控制主要是控制门店人员的数量和工时，门店人员过多或工时过高都会直接导致人工成本费用偏高。控制人力费用前，首先应调研或参考同行标杆门店的人力费用，类似门店的日常人力费用数据。其次根据岗位需要，仔细核定需用人数，核定时按销售淡季的需求进行计划，做好合理排班。最后，如果人员不足，可以考虑聘请兼职员工，或联合品牌商，邀请品牌商的促销人员进场，以充分利用人力。

通常，控制人力费用的有效策略之一是从单纯控制门店人员数量，转变为控制门店工资总额，类似于定额费用管理。可以将工资总额与销售完成率及毛利完成率挂钩，固定部分为工资，上下浮动部分为业绩考核的奖惩；还可以通过以销售业绩为导向，做好人员费用的配比。例如，以销售完成率达到100%为界，若超过此标准，则将毛利超额部分的10%作为奖金计入当月人工成本总额；反之，若低于此标准，则当月可发放的人工成本总额相应减少。

运营费用通常由总部（市场部）负责预算调控及管理，门店在实际营销过程中，应做到合理使用营销费用，使效益最大化。因此，从总部最初的预算制定到门店的具体落实，需要层层把关。门店运营费用当中消耗较大的部门涉及监督与管理商品，防止商品被盗、损坏、超过期限和质量改变等，关系到事前和事后等很多流程。若工作人员合理并及时准确地处理每一项业务，注重每一项消耗的发生，就能够利用最少的资源，实现企业最终的目标。水电费、燃料费及日常耗材都需要进行定额管理。例如，目前通过人工操作来控制20盏广告灯的开关，如果每天都能准确无误地定时开关，就可以节省2h 20min（即2h加上0.4h乘以2，等于2.8h，换算成电量约为16度）。这样，一年下来就能节约大约5 000

元的费用。某门店空调使用时间见表 7-13。

表 7-13 某门店空调使用时间表

月份	主机使用	开新风系统时间
5—6 月	不开	9:00—18:00
7—9 月	开	8:00—20:30
10—11 月	时开时停	8:30—20:30

另外，门店主机的平均运行负荷也需密切关注。具体而言，空调主机的平均负荷为 120kW，冷媒水泵为 30kW，冷却水泵为 35kW，冷却塔风机为 7kW，总计 192kW。以 5 月和 6 月为例，如果每天开启 4h，那么这两个月的耗电量就是 30 天乘以 2 个月再乘以 192kW 乘以 4h，等于 46 080 度。如果开启时间更长，或者在空调全开的情况下，比如每天开启 8h，那么两个月的耗电量将相差 10 余万元。

又如，11 月份由于天气变化，空调可能需要时开时关。在客流高峰时段保证空调开启的前提下，如果每天能减少开机时间，比如从原本需要开启的时长中减少 5h，那么每天就可以节省近千元的开支。

门店运营费用的控制可以通过各店之间的绝对额以及占比进行标杆比对，寻找门店之间的差距，找出空间，并通过店与店之间的控制交流，对门店物料、耗品进行有效控制。还可以对各个重点控制的分类进行有效控制，例如将耗用物品分为营业用纸、标价用具、包装用品、表格印刷品等，做好相关类别的管理；还可以将相关费用做定额管理，同时做好领用和使用记录，确保运营费用的节流工作精准到位。门店费用的控制要细化并引起高度重视，否则随着连锁门店的不断增加，势必造成费用失控、利润下降甚至亏损。

✅ 任务实施

1. 实施内容

根据 2024 年 5 月与 6 月门店费用数据（见表 7-14），进行门店费用的评估。

表 7-14 2024 年 5 月和 6 月门店费用数据

费用类型	项目	支出金额（万元）	
		2024 年 5 月	2024 年 6 月
可控费用	人力费用	9.81	17.05
	运营费用	14.13	17.38
	营销费用	2.88	3.85
	行政费用	0.54	0.33
	外联费用	1.08	1.43
	其他支出	0.45	0.77
可控费用小计		28.89	40.81
不可控费用	财务费用	0.72	1.32
	租赁费用	3.15	3.85
	折摊费用	1.98	2.53
不可控费用小计		5.85	7.7
费用总计		34.74	48.51

2. 实施要求

根据本任务所学知识及提供的数据资料，计算门店的各项费用及占比，并对门店的费用控制做有效评估。

3. 实施步骤

（1）根据门店 5 月、6 月费用数据计算门店的各项费用及占比（见表 7-15）。

表 7-15　门店各项费用及占比

费用类型	项目	支出金额（万元）		比上月增长金额	支出占比		环比增长
		2024 年 5 月	2024 年 6 月		2024 年 5 月	2024 年 6 月	
可控费用	人力费用	9.81	17.05	7.24	28.24%	35.15%	73.80%
	运营费用	14.13	17.38	3.25	40.67%	35.83%	23.00%
	营销费用	2.88	3.85	0.97	8.29%	7.94%	33.68%
	行政费用	0.54	0.33	−0.21	1.55%	0.68%	−38.89%
	外联费用	1.08	1.43	0.35	3.11%	2.95%	32.41%
	其他支出	0.45	0.77	0.32	1.30%	1.59%	71.11%
可控费用小计		28.89	40.81	11.92	83.16%	84.13%	41.26%
不可控费用	财务费用	0.72	1.32	0.6	2.07%	2.72%	83.33%
	租赁费用	3.15	3.85	0.7	9.07%	7.94%	22.22%
	折摊费用	1.98	2.53	0.55	5.70%	5.22%	27.78%
不可控费用小计		5.85	7.7	1.85	16.84%	15.87%	31.62%
费用总计		34.74	48.51	13.77	100.00%	100.00%	39.64%

（2）简要描述门店费用数据计算，描述门店 5 月的各项费用及占比情况。

门店 2024 年 5 月的总费用为 34.74 万元，其中可控费用为 28.89 万元（占总费用 83.16%），不可控费用为 5.85 万元（占总费用 16.84%），可控费用占比较不可费用支出占比高出 66.32%。

门店 2024 年 5 月可控费用按照支出由高到低为运营费用 14.13 万元（占总费用 40.67%），人力费用 9.81 万元（占总费用 28.24%），营销费用 2.88 万元（占总费用 8.29%），外联费用 1.08 万元（占总费用 3.11%），其他支出为 0.45 万元（占总费用 1.30%），说明可控费用中运营费用和人力费用占比较高，两者一共占比超总费用的 70%。

不可控费用按照支出由高到低为租赁费用 3.15 万元（占总费用 9.07%），折摊费用 1.98 万元（占总费用 5.70%），财务费用 0.72 万元（占总费用 2.07%），说明门店的不可控费用中租赁费用占比较高。

（3）简要描述门店费用数据计算，描述门店 5 月和 6 月各项费用的增长情况。

根据门店 2024 年 5 月与 6 月费用数据对比可知，6 月总增长 13.77 万元，环比增长 39.64%。其中，可控费用增长 11.92 万元，不可控费用增长 1.85 万元。从数据上看，不可控费用增长不到可控费用增长的 10%，但从环比分析角度，可控费用环比增长率为 41.26%，不可控费用环比增长率为 31.62%，两者均有增幅。另外，在 2024 年 6 月的费用支出中，人力费用和运营费用依旧是占费用总基数较多。但从环比角度来说，人力费用增长速度明显增快，运营费用的增长速度相对放缓。另外，可控费用中的行政费用环比出现了负增长，说明得到了非常有效的控制。在不可控费用中，2024 年 6 月的财务费用较上月环比增长了83.33%。通过门店费用分项目的环比分析，结合门店季节性商品因素、动销比、投入产出比、营销费效比等指标进行同步观察，确定费用支出是否需要控制管理。

项目评价

学习目标	评价项目	自我评价（30%）	组间评价（30%）	教师评价（40%）
专业知识（30分）	了解门店业绩评估中销售额、销售结构和销售诊断分析			
	了解单品毛利、毛利率、综合毛利和综合毛利率的计算			
	掌握门店综合毛利率调整的方法			
	了解门店费用的构成和计算			
	了解门店人力费用与营运费用的控制			
专业能力（40分）	能正确进行门店销售额、销售结构分析			
	能有效进行门店销售诊断分析			
	能正确计算单品毛利和毛利率，综合毛利和综合毛利率			
	能通过商品结构调整提高门店综合毛利率			
	能正确计算门店的费用和各类费用占比			
	能进行简单的门店费用控制			
职业意识（30分）	实事求是，严谨务实的工作作风			
	爱岗敬业、认真负责的工作态度			
	精益求精、追求卓越的工匠精神			
教师建议		评价标准：A：优秀（≥80分）B：良好（70～79分）C：基本掌握（60～69分）D：没有掌握（＜60分）		
个人提升方向				

项目练习

一、单项选择题

1. 门店销售额主要指（　　）。

　　A. 商品销售额　　　　B. 后台毛利　　　　C. 促销费用　　　　D. 团购

2. 某天，A门店有400个人进店，有50个人完成购买，请问转化率是（　　）。

　　A. 87.5%　　　　　B. 75%　　　　　C. 25%　　　　　D. 12.5%

3. 某天，A门店只有一笔销售，某顾客和1位同伴逛街，该顾客1人一次购买了6件衣服，共计1 800元，请问这天的客单价是（　　）。

　　A. 900元　　　　　B. 1 800元　　　　C. 300元　　　　D. 900元

4. 与复购率无关的是（　　）。

　　A. 重复购买客户数量　　　　　　B. 重复购买客户的交易次数

　　C. 客户购买的金额　　　　　　　D. 客户样本数量

5. 净利润是（　　　）。

    A. 毛利润　　　　　　B. 税前利润　　　　　C. 税后利润　　　　　D. 利润总额

二、多项选择题

1. 毛利构成包括（　　　）。

    A. 前台毛利　　　　　B. 销售占比分析　　　C. 销售额趋势分析　D. 后台毛利

2. 门店提高商品毛利的方法有（　　　）。

    A. 扩大商品销售，薄利多销

    B. 用高毛利商品替代低毛利商品，调整商品结构

    C. 加强门店店员纪律管理，保证出勤

    D. 进行线上教育，提升销售员的素质和综合素养

3. 门店费用构成包括（　　　）。

    A. 固定费用　　　　　B. 可控费用　　　　　C. 销售费用　　　　　D. 日常损耗

4. 以下属于可控费用的有（　　　）。

    A. 人力费用　　　　　B. 运营费用　　　　　C. 财务费用　　　　　D. 租赁费用

5. 综合毛利还需要考虑到（　　　）。

    A. 库存积压　　　　　B. 物流成本　　　　　C. 批量折扣　　　　　D. 返利、补利

三、简答题

1. 前台毛利包括哪些？

2. 如果一个企业的综合毛利率较高，但是利润却很低，说明什么问题？

3. 在销售额恒定的情况下，如何提高门店毛利率？

4. 简单举例说明毛利与净利润的关系。

5. 门店的可控费用主要包括哪些？

参 考 文 献

[1] 饶君华，王欣欣. 连锁门店运营管理 [M]. 2 版. 北京：高等教育出版社，2018.

[2] 高磊. 连锁经营门店营运 [M]. 北京：高等教育出版社，2015.

[3] 中国连锁经营协会校企合作小组. 连锁门店营运管理 [M]. 北京：高等教育出版社，2014.

[4] 于兰英，陆国民. 门店运营与管理 [M]. 上海：华东师范大学出版社，2016.

[5] 范征. 连锁企业门店营运管理 [M]. 3 版. 北京：电子工业出版社，2017.

[6] 裴晓煜. 连锁终端的商品精细化运营 [M]. 北京：中国财富出版社有限公司，2023.

[7] 李松，刘凯，焦峰. 连锁新零售暨社交店商思维模式 [M]. 北京：中国财富出版社有限公司，2021.

[8] 刘善仕，王雁飞，等. 人力资源管理 [M]. 2 版. 北京：机械工业出版社，2021.

[9] 闵新闻. 教练店长 [M]. 北京：中国商务出版社，2017.

[10] 赵大君. 门店经理管理实用手册 [M]. 北京：人民邮电出版社，2016.

[11] 李卫华，郭玉金. 零售数据分析与应用 [M]. 2 版. 北京：高等教育出版社，2022.

[12] 郑昕. 连锁门店运营管理 [M]. 2 版. 北京：机械工业出版社，2015.

[13] 陈方丽，林瑜彬. 门店管理实务 [M]. 3 版. 北京：机械工业出版社，2023.